L'incroyable histoire de WALL STREET

Jacques Gravereau
Jacques Trauman

L'incroyable histoire de WALL STREET

Albin Michel

Introduction

Les rumeurs s'étaient faites de plus en plus insistantes depuis quelques mois : la banque d'affaires Lehman Brothers avait subi d'énormes pertes. En octobre et novembre de l'année précédente, les chiffres s'étaient brutalement dégradés, en particulier les revenus du trading. Une peur sourde et insistante s'empara de tous, au sein de la firme comme parmi les confrères de Wall Street. On entendait de plus en plus de rumeurs de départ des personnes clés. Il régnait dans la banque une ambiance de guerre civile. Une question revenait sans cesse dans les conversations : l'impérieux et brutal patron, isolé au sommet de sa tour, ne serait-il pas tenté de prendre des positions de plus en plus risquées pour se refaire ?

La situation des banques de Wall Street dans leur ensemble se dégradait à l'unisson. Lehman Brothers continuant à plonger, le conseil d'administration prit sa décision : on chercherait un repreneur et c'est Dick Fuld qui en serait chargé. La vénérable firme serait vendue ! L'information fuita dans la presse. Fin mars, un article assassin parut dans *Fortune* : « Lehman a perdu beaucoup d'argent dans ses activités de trading… Un comité constitué par Lehman cherche activement à vendre la banque… Mais plusieurs acheteurs potentiels ont déjà décliné, car les dérives de la firme posent sérieusement problème. »

Vous pensez que nous sommes en 2008, à la veille de la grande crise qui vit Lehman Brothers passer à la trappe et qui, le même mois, dynamita l'ensemble du système financier mondial ? Vous n'y êtes pas du tout : nous sommes en 1984 ! À cette date, la banque était déjà dans la tempête. Ce n'était pas la première de sa longue existence. Elle y survécut et rebondit pendant encore vingt-quatre ans. C'est un condensé de toute la furieuse histoire de Wall Street.

Nous ne sommes pas encore sortis du tsunami financier qui déferla sur Wall Street en septembre 2008, puis dégénéra en 2009 en crise économique mondiale majeure, pour muter en 2010 en crise des États, englués dans des dettes abyssales pour avoir tenté d'éteindre l'incendie. Nous n'avons pas non plus pris encore toute la mesure des errements qui ont provoqué cette grande secousse.

Cette crise n'avait pourtant rien d'imprévisible. Il n'y avait pas besoin de boule de cristal pour voir que la bulle des liquidités et la masse des crédits immobiliers américains gonflaient au long des années 2000 de façon tout à fait artificielle, attisées par une politique de taux d'intérêt beaucoup trop bas. Pour voir que la valse de la spéculation s'accélérait, exactement comme à la veille des grandes crises du passé, celle de 1907 comme celle de 1929. Pour voir qu'à Wall Street, certaines banques d'affaires avaient pris le pouvoir sur les banques classiques, dérogeant de plus en plus aux règles fondamentales du métier bancaire. Pour voir que l'idéologie de la déréglementation à tout prix avait permis au trading de devenir la martingale ultime pour générer du profit. Pour voir une folle créativité s'emparer des salles des marchés, lesquelles inventaient par milliers de nouvelles créatures, de plus en plus incontrôlables : les produits dérivés. Pour discerner enfin que la mondialisation permettait désormais au monde merveilleux de la finance de régner sur celui de l'industrie et des services traditionnels.

Les divers produits de la sphère financière équivalaient à 100 % de l'économie réelle il y a quinze ans. Ils en représentent aujourd'hui 600 % ! Les produits financiers vivent désormais déconnectés de la réalité tangible. Nous sommes entrés dans une économie du virtuel. Il est simpliste de réduire la finance moderne à de la spéculation. Elle est bien plus que cela : l'enfant naturel de la mondialisation et de l'informatique.

On détenait pourtant tous les éléments pour apprécier cette évolution, pour autant que l'on ait un peu de mémoire. On passe à côté de l'essentiel, en effet, si l'on ne se penche pas sur l'histoire de Wall Street, cette histoire toujours recommencée d'une manufacture d'innovations brillantes mais aussi d'une machine à générer les crises. C'est cette histoire qui fait l'objet de ce livre et qui permet de comprendre pourquoi et comment nous en sommes arrivés là.

Wall Street ne paie pas de mine. C'est une petite rue banale de New York, nichée près de la pointe sud de l'île de Manhattan, sur le site historique de la première implantation de New York. Elle n'offre aucune des vastes perspectives de la grande ville. Elle part du cimetière de l'église de la Trinité et se termine sur une hideuse autoroute qui longe le port des ferries sur l'East River. Son cœur est le bâtiment de la Bourse, qui ressemble à un faux temple grec vaguement prétentieux, coincé entre de hauts buildings sans grâce qui en prolongent bizarrement la façade. Il faut se tordre le cou, tant la rue est étroite, pour en contempler les colonnades.

C'est dans le *financial district* autour de Wall Street et de ses établissements financiers que se sont nouées toutes les avancées de l'économie américaine, toutes les créations des grandes entreprises, depuis les chemins de fer au XIXe siècle jusqu'aux fleurons de l'industrie au XXe. Sans ce creuset, il n'y aurait pas eu de puissance américaine. Mais Wall Street a aussi été le cœur de toutes les spéculations, de toutes les crises, dans un maelström constant d'une incroyable énergie vitale au-dessus duquel plane jour et nuit l'odeur de l'argent. L'enthousiasme à investir dans de nouvelles entreprises comme la folle cupidité sont intimement liés, pour le meilleur et pour le pire. Wall Street est unique en son genre.

C'est un monde violent où il faut être compétitif jour après jour, sans situation assise et souvent sans filet. C'est le monde âpre du business américain, qui effarouche les âmes sensibles, où tous les coups sont permis. La galerie de portraits est étonnante. On y croise des chevaliers d'industrie géniaux et flamboyants comme August Belmont, des immigrés juifs allemands comme Marcus Goldman ou Joseph Seligman, des patriciens courtois comme Pete Peterson, de jeunes loups aux dents longues comme Michael Milken, des spéculateurs cyniques comme Charles Mitchell ou Joe Kennedy, quelques escrocs de haut vol comme Ivan Boesky ou Bernard Madoff, des banquiers dévoyés comme Lew Glucksman ou Dick Fuld. Nous allons faire leur connaissance.

Dans le passé, les grands spéculateurs étaient des individus. Aujourd'hui, ce sont les banques d'affaires et les fonds les plus huppés, avec certains de leurs dirigeants les plus en vue. Ces gens si intelligents, les *best and brightest,* pourquoi se sont-ils laissés ainsi entraîner ? Parce qu'ils se croient les maîtres du monde. Ils contrôlent les outils informatiques les plus puissants jamais développés. Grâce à la quasi-disparition des supervisions réglementaires dans les quinze dernières années (en particulier aux États-Unis), ils ont un champ illimité.

Pour la finance mondiale, Wall Street est encore et toujours le cœur du réacteur.

PREMIÈRE PARTIE

DES HOMMES REMARQUABLES

1

Jupiter

Il fut un temps où l'opinion publique encensait les banquiers. John Pierpont Morgan fait partie de ces héros-là. Il est l'héritier d'une puissante banque qui s'est élevée au pinacle dans la seconde moitié du XIXe siècle. Il a réalisé de grandes œuvres fondatrices de l'économie américaine, qui lui valent l'admiration générale. Il a rationalisé d'une main de fer l'industrie des chemins de fer. Et puis il a créé les grandes entreprises omniprésentes du nouvel empire (General Electric, International Harvester, US Steel), contrôlées depuis sa banque par les managers qu'il a placés à leur tête.

Pierpont Morgan, au début du XXe siècle, est le maître absolu de Wall Street, l'oracle craint et révéré, que ses contemporains ont désigné du nom du plus puissant des dieux : Jupiter. À lui seul, il va gérer et résoudre une crise financière majeure.

Le dimanche 20 octobre au matin, Jupiter est dans la bibliothèque de sa banque, au coin de Madison Avenue et de la 36e Rue. On est à l'automne 1907. Une saison dangereuse, semble-t-il, puisque les grandes crises financières : 1873, 1907, 1929, 2008, ont toutes éclaté à l'automne ! Cette bibliothèque, il l'adore, il s'y sent bien. C'est un superbe petit musée. Là, il a accumulé des trésors : partitions manuscrites de Bach, Mozart, Schubert, acquises à prix d'or, tableaux de Gainsborough, Rubens et autres chefs-d'œuvre, lettres de lord Byron, Edgar Poe, et tant d'autres choses encore. Cette bibliothèque va devenir le centre nerveux de la crise.

Tout a commencé en Californie le 18 avril 1906, avec un tremblement de terre de magnitude 8,2 à San Francisco. La secousse va coûter très cher : 1,5 % du PIB américain selon les estimations. Wall Street en subit directement les conséquences : dans les dix-huit mois qui suivent, la Bourse perd près de 25 % en une longue érosion qu'on appelle le « krach silencieux ». Pour compenser la baisse de valeur des actions, la ponction sur les comptes courants bancaires se fait de plus en plus intense. Les banques sont affaiblies. La crise de liquidités pointe.

En réalité, le mal est plus profond, car il y a deux phénomènes accélérateurs de crise : l'un, structurel, l'étalon-or, c'est-à-dire le système de garantie en or de la création monétaire, et l'autre, la spéculation d'acteurs troubles sans foi ni loi. C'est Londres la capitale mondiale de la finance à cette époque. Des mouvements considérables de métal-or se produisent alors du Royaume-Uni vers les États-Unis. D'avril à septembre 1907, la Banque d'Angleterre perd 14 % de ses réserves d'or.

Pour stopper cette hémorragie d'or vers les États-Unis, la Banque d'Angleterre fait passer une loi interdisant aux sociétés américaines d'émettre des obligations sur le marché de Londres. Les sociétés américaines, tout à coup, ne peuvent plus se refinancer et se procurer de l'or à Londres, et se tournent donc intégralement vers le marché américain. Résultat : les réserves d'or aux États-Unis chutent de 10 % et la distribution de crédit se contracte brutalement. Voilà la cause la plus importante de la crise de 1907 : le crédit s'assèche. En septembre 1907, tous les voyants financiers sont au rouge.

C'est là qu'intervient un certain Augustus Heinze. L'homme est brillant : fin linguiste, bon musicien, boxeur presque professionnel, il a décroché un diplôme d'ingénieur des Mines à l'université Columbia. Il débute sa carrière en créant une compagnie minière dans le Montana, mais se rend vite compte que l'on gagne plus d'argent en faisant chanter ses voisins par d'incessants procès. Comme il ne manque pas de culot, il s'attaque à une mine de cuivre, propriété de John D. Rockefeller, qui finit – miracle – par lui racheter sa société pour 12 millions de dollars (250 millions d'aujourd'hui), en partie pour se débarrasser de lui. Voilà Augustus Heinze riche et il n'a pas quarante ans. Que faire ? Il s'associe à un autre personnage peu scrupuleux, Charles Morse, et ensemble ils rachètent une banque : Mercantile National Bank. Puis, avec ses deux frères, Augustus crée une charge d'agent de change.

Le décor est planté. Que font les frères Heinze ? Ils empruntent à fond, donnent en garantie des actions de leur holding personnelle, United Copper, et se mettent à spéculer. Mais l'ensemble de la Bourse de Wall Street est en baisse et le cours de United Copper chute aussi. Il faut donc le soutenir artificiellement en achetant, ce que fait leur charge d'agent de change.

Entrent en scène, comme en 1929 ou en 2008, les *short-sellers*, les vendeurs à découvert, ceux qui jouent à la baisse de l'action en vendant un titre, dans l'espoir de le racheter moins cher plus tard. Les vendeurs à découvert voient bien le jeu des frères Heinze. Ils vendent en masse… et les frères Heinze achètent en masse. C'est le bras de fer. À court de liquidités, le charmeur Heinze fait entrer dans son jeu l'élégant mais imprudent Charles Barney, président d'une petite banque, la Knickerbocker Trust. Le piège est en place.

En quatre jours, du 12 au 15 octobre, le titre de United Copper passe de 62 dollars à 36. Le 16 octobre, c'est la panique : le titre clôture à 10. La charge des frères Heinze fait brutalement faillite. Le virus gagne alors le système bancaire, ce qui est beaucoup plus grave. Augustus Heinze est président de sa banque, la Mercantile National. Voilà que la foudre s'abat sur elle : les déposants se précipitent pour récupérer leurs dépôts. C'est la panique !

En 1907, il n'existe aucun système de garantie pour les déposants : la moindre rumeur peut donc être mortelle. Les États-Unis n'ont pas non plus de Banque centrale, aussi incroyable que cela puisse paraître. Les banques se regroupent donc en associations, les *clearing houses*, qui jouent le rôle de prêteurs en dernier ressort en cas de crise. La New York Clearing House à laquelle adhère Mercantile intervient donc et annonce publiquement son soutien. Rien n'y fait, la peur se propage comme une traînée de poudre.

Tous ceux qui sont liés de près ou de loin aux frères Heinze sont maintenant menacés. La panique s'étend alors aux deux autres banques de l'associé de Heinze, Charles Morse : la National Bank of North America et la New Amsterdam Bank. Des queues de clients se forment sur les trottoirs de ces banques. C'est un syndrome qui ne trompe pas.

Le samedi 19 octobre au soir, Jupiter s'enferme dans sa chère bibliothèque et commence la contre-offensive. En l'absence d'une quelconque Federal Reserve, il sera, pendant deux semaines, la Banque centrale à lui tout seul !

En 1907, il y a différentes catégories de banques : les National Banks, autorisées au niveau fédéral, les State Banks, autorisées au niveau des États de l'Union, les Private Banks (Morgan, Kuhn Loeb, etc.) et enfin les Trusts. Ces dernières ne sont pratiquement pas réglementées. Contrairement aux banques classiques, elles peuvent détenir des actions en propre. Elles rémunèrent mieux les dépôts, sont plus créatives, font preuve d'innovation financière et spéculent à outrance. En particulier, elles prennent des dépôts à court terme et investissent dans des actifs à long terme. Cela ne vous rappelle rien ? C'est exactement le principe de fonctionnement des hedge funds aujourd'hui !

La trust bank Knickerbocker est l'un des grands acteurs de ce jeu-là. Présidée par le peu scrupuleux Charles Barney, troisième banque de New York, elle a 18 000 déposants. Mais Charles Barney et le dangereux Charles Morse ont fait trop d'affaires ensemble et cela se sait. Une panique sur Knickerbocker est imminente. Barney fait une opération de communication et déclare : « Ma banque n'a jamais été en meilleur état. C'est une des plus grandes banques de New York et elle est solide. Il n'y a pas de problème de solvabilité. » On connaît la chanson.

Mardi 22 octobre, c'est l'été indien, il fait beau. La foule commence à s'agglutiner devant les grandes portes de Knickerbocker. Soudain, c'est une telle panique qu'il faut suspendre les remboursements. Il faut tout de suite de l'argent frais à Barney, mais Jupiter refuse de jouer. L'une de ses banques, la Bank of Commerce, deuxième établissement du pays, retire son soutien à Knickerbocker. Toutes les autres banques font alors de même. Jupiter refuse de recevoir Charles Barney, aux abois, venu le voir chez lui. Celui-ci se suicidera le 14 novembre d'une balle de calibre 38 dans la tête.

Une crise générale de liquidités se déclenche. Plus personne ne veut prêter à personne, comme lors de la crise des subprimes un siècle plus tard. Le taux interbancaire passe de 10 % à 70 %, l'indice boursier Dow Jones tombe à son plus bas niveau depuis 1900. La panique prend alors une autre tournure. La foule s'en prend maintenant à Trust Co. of America, honorable institution qui a eu le malheur d'avoir autrefois Charles Barney à son conseil. La peste du krach se propage de plus en plus vite.

Mercredi 23 octobre à 2 heures du matin, Benjamin Strong, l'assistant de Pierpont Morgan (qui sera président de la Fed dans les années vingt), est réveillé par un coup de téléphone. Ordre de Jupiter : aller examiner séance tenante les livres de Trust Co. of America. À 2 heures du matin ! 13 heures : Ben Strong revient faire son rapport. Pierpont Morgan ne veut pas de détails :

Jupiter : Trust Co. of America est-il solvable, oui, non ?

Ben Strong : Oui.

Jupiter : La panique s'arrête ici, alors.

À ce moment-là, il y a 12 000 déposants devant les portes de Trust Co. of America ! Son président téléphone à Jupiter, désespéré. Il a besoin de 3 millions de dollars, immédiatement ! Morgan réunit d'urgence les présidents des trusts pour trouver l'argent : ils se défilent. Il convoque Stillman, président de la National City Bank, et lui enjoint de faire la liquidité de 3 millions de dollars, ce que Stillman accepte. Trust Co. of America est sauvé pour la journée ! Jupiter avertit par voie de presse : « Ceux qui vendent à découvert maintenant pour profiter de la crise doivent s'attendre à ce que l'on s'occupe d'eux après. »

À 15 heures, ce même 23 octobre, le maître du jeu convoque une nouvelle fois les présidents des trusts. La réunion s'éternise. Jupiter est très affaibli. Il a soixante-dix ans, il a un gros rhume qui le handicape. Il s'endort une petite demi-heure durant la réunion. Il se réveille en pleine forme, passablement énervé, et interrompt tout le monde :

– Bien, messieurs, Bankers Trust est d'accord pour 1 million de dollars.

Il vient de le décider !

– Vous, Farmers Loan & Trust, combien ?

Il fait le tour de l'assemblée pétrifiée et réunit 8,25 millions de dollars.

– Pour ce qui manque, c'est National City, First National et Hanover National qui s'en chargeront.

Puis, Jupiter se lève. Il est minuit, il va se coucher. Tout semble réglé. En réalité, le pire est à venir.

Jeudi 24 octobre, le sauveur est en première page des journaux. Mais, cette fois, c'est sur la Bourse de New York que la tempête souffle. En fin de journée, en principe, les agents de change font les comptes et se payent ce qu'ils se doivent entre eux. Mais ce jeudi 24 octobre, la liquidité a disparu. Même à un taux de 60 %, il n'y a pas de cash. À 13 heures, les taux atteignent 100 % et il n'y en a toujours pas ! En fait, tout le monde se méfie de tout le monde et l'on se demande qui sera la prochaine victime.

Le président du New York Stock Exchange (NYSE) se rend alors chez Jupiter.

Ranson Thomas : Je vais devoir fermer la Bourse.

Jupiter : À quelle heure fermez-vous normalement ?

Ranson Thomas : 15 heures.

Jupiter : Vous ne fermerez pas ne serait-ce qu'une minute avant.

À 14 heures, tous les présidents de banques sont réunis à la bibliothèque.

Jupiter : Si on ne trouve pas 25 millions de dollars dans les dix minutes, cinquante agents de change font faillite.

14 h 15 : Jupiter en a trouvé 23,6 millions. La Bourse est sauvée. Mais pendant ce temps-là, sept banques, et non des moindres, font faillite.

Le lendemain 25 octobre, le Dow Jones s'effondre à nouveau, le marché des prêts interbanques est à un taux de 150 %. Le président du NYSE retourne à la bibliothèque. Les patrons des banques sont convoqués à nouveau : ils remettent 9,7 millions de dollars sur la table. Le NYSE est encore sauvé. Les louanges fusent sur Jupiter. Le président des États-Unis, Theodore Roosevelt, y va de son couplet : « Par ses actes, il a rendu un inestimable service, contrôlant une panique, qui, démarrant d'une spéculation, menaçait de détruire la confiance et le crédit… » Mais le soir, dans la bibliothèque, le héros du jour et ses hommes de confiance se disent qu'ils ne pourront pas continuer comme cela indéfiniment. Car la situation va empirer !

Lundi 28 octobre. Le maire de New York, George McClellan, se rend chez Jupiter pour lui dire que si, d'ici le 1er novembre, la ville de New York n'a pas trouvé 30 millions de dollars, elle sera en faillite ! En effet, l'état de la liquidité est tel dans les marchés que la ville est dans l'impossibilité de vendre des obligations comme à l'accoutumée. 19 heures : la banque Morgan achète 30 millions de dollars d'obligations de la ville de New York. L'argent sera disponible demain matin. Jupiter a sauvé New York. Mais ce n'est pas fini.

Samedi 2 novembre, nouvelle conférence à la bibliothèque, nouveau problème ! Moore & Schley, l'un des plus gros agents de change de New York, est au bord de la faillite à cause de l'effondrement des cours de la Bourse et des garanties en actions données aux banques, qui ne valent plus rien. Les banques exigent tout de suite 30 millions de dollars. C'est la Bourse de New York tout entière qui peut sauter. Pendant ce temps, la panique sur les trusts continue. Il faut donc à nouveau trouver d'urgence 25 millions de dollars pour les sauver et encore 25 millions pour sauver Moore & Schley, soit 50 millions. Jupiter décide d'employer les grands moyens.

À 3 heures du matin, le dimanche 3 novembre, Ben Strong annonce à tous les présidents de trusts réunis à la bibliothèque :

– Il faut trouver d'urgence 25 millions de dollars, sinon c'est tout l'édifice qui va nous tomber sur la tête.

Petit détail : Jupiter a fermé la bibliothèque à clé, personne ne sort tant que l'argent n'est pas trouvé !

À l'aube, celui-ci revient dans la bibliothèque avec les contrats de prêts. Il pose la main sur l'épaule de son ami Edward King, président de Union Trust :

– C'est ici qu'il faut signer, King, voici le stylo.

Épuisé, son interlocuteur signe. Tous les autres font de même. Les trusts sont sauvés, le système bancaire aussi. Les présidents peuvent rentrer chez eux.

À 16 heures, nouvelle réunion avec toujours deux présidents de grandes banques amies à la bibliothèque. Objectif : trouver 18 millions pour Moore & Schley. Après le dîner, les trois se mettent d'accord pour prendre 6 millions de dollars chacun. Le système bancaire américain est définitivement sauvé, mais cette panique aura coûté cher. Le PIB des États-Unis enregistre une chute de 11 % entre la mi-1907 et la mi-1908. Le chômage passe de 4 % à 8 %, le Dow Jones baisse encore de 37 %. Quant à Pierpont Morgan, il a amputé sa fortune personnelle de 20 %.

L'homme a pourtant sauvé Wall Street. Mais les choses sont allées beaucoup trop loin. Une banque centrale fait trop cruellement défaut. Elle sera donc finalement créée, le 22 décembre 1913, par le *Federal Reserve Act.* Mais la méfiance de l'establishment politique envers Wall Street est exacerbée. Beaucoup voient une Banque centrale comme un jouet potentiel entre les mains de la haute finance. L'ultime « victoire » sera la création de la Fed, mais sous la forme de douze banques de réserve régionales, faibles et peu coordonnées. C'est encore le système qui perdure aujourd'hui.

2

Un dîner à New York

Thomas Jefferson habite au 57 Maiden Lane à New York, à deux pas de Wall Street. En marchant dans la rue, il tombe sur son collègue Alexander Hamilton, sombre, hagard, les vêtements négligés, lui qui est d'habitude si bien mis. Le problème qu'il doit résoudre le perturbe et lui a fait perdre le sommeil. Pour en parler, Jefferson l'invite à dîner chez lui le dimanche suivant, 20 juin. Il convie également un troisième homme, James Madison.

Ces trois personnages ne sont pas n'importe qui : ils appartiennent au très petit groupe des pères fondateurs des États-Unis. Jefferson est l'un des signataires de la Déclaration d'indépendance. Les deux autres ont paraphé la Constitution américaine. Le premier est pour l'heure secrétaire d'État, c'est-à-dire ministre des Affaires étrangères. Hamilton est secrétaire au Trésor (ministre des Finances) et Madison le plus proche conseiller du président en exercice, George Washington. Jefferson et Madison auront un jour un destin national en devenant présidents des États-Unis.

Nous sommes le 20 juin 1790. Les États-Unis n'ont une Constitution que depuis trois ans. Le premier président, le général George Washington, n'a pris ses fonctions que l'année précédente. New York est le centre de gravité du pouvoir, en l'absence d'une capitale définie. Les institutions sont en friche, sans monnaie bien claire, sans système fédéral précis. L'immense remue-ménage de la guerre d'Indépendance – qui ne s'est conclue que sept ans plus tôt – continue à tout perturber, entre les démobilisés ruinés, les intérêts contradictoires et un État qui en est à ses premiers balbutiements. Tout est à construire.

Le dîner informel des trois hommes aura des conséquences majeures qui perdurent jusqu'à aujourd'hui. Car c'est ce 20 juin que les choix cruciaux pour le fonctionnement de l'Amérique ont été faits.

Le problème du ministre des Finances Hamilton est redoutable. Les huit ans de guerre d'Indépendance contre l'Angleterre (1775-1783) ont provoqué une saignée financière dramatique à tous les niveaux. Les treize États qui composent la fédération américaine de l'époque sont endettés jusqu'aux yeux. De plus, jaloux de sa spécificité, chacun a ses propres lois, son budget, ses impôts et sa monnaie.

Dans ce pays de fermiers, les exploitants agricoles sont tous endettés auprès des banquiers, en général des filiales de banques anglaises à New York. Les planteurs de la côte Est, la seule qui compte, du Massachusetts à la Géorgie en passant par la Caroline ou la Virginie, sont exsangues, à court de liquidités. Ce sont pourtant eux qui ont mené l'indépendance. George Washington, James Madison, Thomas Jefferson sont tous de grands planteurs de Virginie, au bord du fleuve Potomac. Ce sont eux qui sont maintenant aux affaires.

Pour les citoyens ordinaires, c'est encore pire. Les démobilisés de la guerre d'Indépendance ont été payés en monnaie de singe. En guise de solde, les États fédérés leur ont donné des certificats, sortes de reconnaissance de dettes, que l'on appelle IOU (« *I owe you* » : « Je vous dois » !). Comment rembourser cette dette à ces créanciers si honorables ? Nombre d'entre eux monnayent leurs morceaux de papier à 20 % de leur valeur, juste pour survivre. Pour ajouter à la confusion, des petits malins rachètent ces certificats pour une bouchée de pain et se mettent à spéculer sur ce papier, exactement comme le fait la finance moderne.

Que doit faire Hamilton ? Reprendre la dette des États au niveau fédéral et rembourser à leur vraie valeur ? Gérer de manière centrale l'effroyable complexité de treize monnaies différentes ? Mais il faudrait également que l'État central puisse emprunter et en corollaire lever des impôts. Les États de la fédération et l'establishment des planteurs s'opposent farouchement à toute perte de leur autonomie, et c'est pour cela que la réforme achoppe semaine après semaine, alors même que l'ensemble du système vacille. C'est pour cela que Hamilton ne sait plus que faire.

La seule solution qu'entrevoit l'habile Jefferson est une négociation donnant-donnant. Jefferson et Madison n'appartiennent pas au même cercle que Hamilton, qui n'est pas un planteur de Virginie. Leur intérêt politique est de régler à leur profit l'épineuse question de la capitale fédérale, qui n'est toujours pas tranchée. New York ne fait office que de capitale provisoire. La Constitution de 1787 dit clairement qu'il faut trouver un endroit plus neutre. Dix villes se battent furieusement pour être les heureuses élues. Cette question de la « résidence » empoisonne les débats politiques de la très jeune république, au point que la fédération est près de voler en éclats. Les planteurs de Virginie ne veulent pas cohabiter avec les financiers de New York, qui les tiennent par leurs reconnaissances de dettes et dont ils se méfient comme de la peste. New York, c'est l'antéchrist : un foyer de spéculateurs corrompus ! Ils verraient bien une capitale plus proche de chez eux, qu'ils pourraient, pensent-ils, contrôler.

Le dîner de juin 1790 se conclut sur un deal de portée historique. Ce sera une capitale contre une centralisation financière. Une séparation des pouvoirs politique et financier contre un pouvoir fédéral fort. Dès le lendemain, les pères fondateurs rallient un à un les élus du Congrès, exactement comme le feront tous les futurs présidents des États-Unis à la veille du vote des grandes réformes. Le 9 juillet, la question de la capitale fédérale est réglée à la majorité parlementaire. Ce sera Philadelphie pour dix ans, avant que l'on déménage définitivement dans un territoire vierge au bord du Potomac que l'on nommera Washington après la mort du père de l'indépendance. Le 26 juillet, Hamilton obtient le soutien des membres du Congrès pour faire passer son plan.

Il s'agit d'une révolution. Les monnaies éparses des États sont abolies au profit d'une devise fédérale, le dollar. L'État fédéral se voit autorisé à émettre de la dette et à lever des impôts nationaux. Il peut alors procéder au rachat des certificats de solde à leur vraie valeur et ainsi désamorcer une révolte qui couve. Pour couronner le tout, on crée dans la foulée une Banque centrale, qui sera, dès 1791, la First Bank of the United States. Le débat entre centralisation et fédéralisme a été tranché, au moins quant à cette matière cruciale qui est le nerf de la guerre et la garantie de la prospérité future.

La négociation du dîner de 1790 n'a pas pris une ride aujourd'hui. La même question se pose en Europe : peut-on se contenter d'avoir une monnaie unique, l'euro, sans contrôler la dette des pays et sans disposer au niveau européen des leviers de l'impôt, de la dette et d'un budget fédéral digne de ce nom ? Aux États-Unis, la séparation entre le pouvoir politique – à Washington – et économique – à New York – continue à dresser deux mondes l'un contre l'autre, mais aussi à équilibrer les excès de l'un ou de l'autre. La défiance de Barack Obama envers New York est la même que celle de Thomas Jefferson. Et la puissance politique de Washington pour circonvenir les crises nées à Wall Street témoigne de toute son efficacité dans les grandes périodes de crise, sous Franklin Roosevelt en 1933 comme sous Barack Obama en 2010.

C'est le legs de trois hommes remarquables.

3

Au commencement étaient les WASP

Ce sont des hommes de la trempe de Thomas Jefferson ou de Pierpont Morgan, avec leur hauteur de vision et leur capacité de décision, qui ont fait d'un immense territoire vide l'Amérique moderne. Et de Wall Street le centre du monde financier.

Au début du XIXe siècle, New York n'est pourtant qu'une bourgade. L'Amérique est un continent morcelé. La Californie est encore espagnole, séparée des plaines centrales par les formidables montagnes Rocheuses, à l'époque inexplorées et infranchissables. La Californie ne deviendra américaine qu'en 1848. La Louisiane – un tiers de la superficie des États-Unis de l'époque – est française.

Le centre du monde est à Londres. Et le cœur de la City de Londres est une banque, fondée en 1762 par sir Francis Baring. Lorsque Napoléon, chroniquement à court d'argent, décide en 1803 de vendre la Louisiane aux États-Unis, c'est vers Baring que se tourne le gouvernement de Washington pour financer l'achat. Baring ouvre un crédit de 16 millions de dollars (soit 7 dollars du kilomètre carré : 7 centimes l'hectare) qui vient emplir les coffres de Napoléon et lui permet de poursuivre sa guerre... contre l'Angleterre !

Un peu plus tard, le fils d'un obscur financier juif de Francfort, Meyer Amschel Rothschild, fondera la branche anglaise de la banque familiale. Il fera la pluie et le beau temps dans toutes les cours d'Europe. La puissance de ces deux institutions est inouïe. Les systèmes bancaires sont peu développés en ce début du XIXe, la collecte de l'épargne rudimentaire, la liquidité minime. Or la demande de crédit – à la fois des entreprises et des emprunteurs souverains – est considérable. Baring et Rothschild font la loi. « Les banques font une nation ou défont un trône », écrit lord Byron. Sans Baring, pas de Louisiane. Sans Rothschild, pas de guerre de Crimée, pas de canal de Suez. « Il y a six grandes puissances en Europe : l'Angleterre, la France, la Prusse, l'Autriche, la Russie, et Baring », dit le duc de Richelieu, principal ministre de Louis XVIII.

New York, donc, ne pèse alors pas grand-chose. Mais son essor va s'accélérer au fil des décennies. Dans le même temps, des vagues d'immigrants européens faméliques affluent vers son port. La ville est le grand carrefour géographique, une fois encore, lors de la guerre de Sécession américaine (1861-1865), qui l'épargne de justesse au prix de sanglantes répressions qui mettent la cité à feu et à sang. Sa montée en puissance ne cesse d'étonner. De 1850 à 1900, la population de la cité passe de 500 000 à 3,5 millions d'habitants. Au tournant du siècle, New York est le premier port du monde.

Dans cet univers bouillonnant émerge une remarquable dynastie : les Morgan. Au départ de l'aventure, le véritable pionnier s'appelle George Peabody, qui n'a rien à voir avec les Morgan. Né en 1795 dans le Massachusetts, d'extraction fort modeste, il commence par ouvrir un magasin à Baltimore. Peabody est ambitieux et voit loin. Mais la place de New York étant encore trop petite, c'est vers Londres qu'il porte ses ambitions. En 1838, il traverse l'Atlantique et ouvre là-bas une officine bancaire. L'habile financier y fait fortune dès les années 1850 et commence à peser dans l'establishment. Il n'est toujours pas admis dans les clubs de l'aristocratie britannique pleine de morgue, mais il a la richesse pour lui.

Toutefois, il a un problème : il est célibataire et n'a pas de descendance. Il cherche donc un partenaire et le trouve en la personne de Junius Spencer Morgan, compatriote américain de la Nouvelle-Angleterre comme lui. Les Morgan sont déjà assez lancés. Ils sont reçus dans le beau monde américain. Arrivés du pays de Galles au milieu du XVIIe siècle, ils ont d'abord été fermiers dans le Massachusetts. Dans les années 1830, ils ont fait fortune dans le commerce. Junius Morgan, homme impérieux, secret, inflexible, en est l'héritier. Tous deux sont protestants, d'origine anglo-saxonne, évidemment blancs : des « WASP » (White Anglo-Saxon Protestant), la seule élite respectable qui compte dans l'Amérique d'alors. Les WASP sont presque naturellement appelés à régner dans les affaires ou en politique, ce qu'ils vont faire.

Junius s'associe donc à George Peabody, qu'il rejoint à Londres, tout en gardant un pied à New York. L'époque est pleine d'opportunités flamboyantes, mais aussi de crises résultant de « bulles » diverses. La grande panique financière de 1857 lui apprend une fois pour toutes la prudence. « Lentement, mais sûrement » devient son article de foi. En 1869, George Peabody meurt à soixante-quatorze ans, au sommet de son aura : ses funérailles sont célébrées – fait rarissime – à l'abbaye de Westminster ! Junius, à Londres, a mis le pied à l'étrier à son fils John Pierpont (né en 1837) pour s'occuper des affaires familiales à New York. Les Morgan deviennent les seuls maîtres à bord. Pierpont (comme il aime à se faire appeler) forme alors avec son père un véritable *partnership*, bien que les deux hommes ne se ressemblent pas vraiment. Pierpont est bel homme comme son père, certes, mais il est agité, parfois dépressif, avec un tempérament marqué de spéculateur.

Junius, à Londres, cherche longtemps, mais en vain, le moyen de rejoindre le club des grands. Il n'y parvient guère, jusqu'au jour où la chance se présente. En 1870, après la défaite de Napoléon III à Sedan, plus personne ne croit en la France. Baring (devenu Barings Brothers) est allié à la Prusse. Rothschild n'a pas confiance dans le risque français, et pourtant la France veut lever la somme considérable de 50 millions de francs-or. Junius, le prudent Junius, prend le risque de sa vie : puisque personne ne veut le faire, il se chargera de la souscription. Il est à deux doigts d'y laisser son entreprise, mais à la fin, il réussit : les obligations sont placées. Junius Morgan est arrivé dans le véritable establishment, fortune faite, et quelle fortune ! Il s'achète un palais dans Princess Street à Knighstbridge et le remplit de collections d'art fabuleuses.

À New York, son fils Pierpont Morgan s'associe, lui, à Drexel, une banque de Philadelphie. Ils créent Drexel Morgan (Drexel est en premier, ce qui montre le rapport de force). Et les choses s'accélèrent. En 1873, le gouvernement américain veut refinancer 300 millions de dollars de dettes qui datent de la guerre de Sécession. Drexel Morgan et Barings abattent leurs cartes face à une concurrence acharnée et obtiennent l'énorme affaire. La transaction sera répartie par moitié entre les deux.

Une crise survient alors, en 1873. Wall Street subit un ouragan. La Bourse de New York est fermée pour dix jours. Les Cooke, les Gould, autres puissants financiers WASP, souffrent lourdement. Mais Pierpont Morgan tire son épingle du jeu et se retrouve, à trente-six ans, à la tête de la finance américaine ! Cette immense crise – la première des grandes crises mondiales – lui sert de leçon, comme la crise précédente avait ouvert les yeux de son père. Il devient prudent, ne spéculera plus et ne traitera qu'avec les meilleures entreprises. « Lentement mais sûrement », comme avait dit Junius.

Cela n'empêche pas Pierpont de devenir toujours plus tyrannique et, par épisodes, malade et dépressif. Cette ascension impressionnante l'a rendu plus intransigeant encore : il déteste les nouveaux riches et autres spéculateurs sans vergogne, ne fréquente que les clubs les plus chic. « On peut faire des affaires avec n'importe qui, on ne monte sur un bateau qu'avec des gentlemen », dit-il, ou encore : « Toute personne qui demande combien coûte l'entretien d'un yacht ne mérite pas d'en posséder un. » De fait, Pierpont ne trouve la paix qu'en mer. En 1882, il achète son premier et énorme yacht, le *Corsair*, et crée le Corsair Club où, avec ses amis, il s'échappe souvent des étouffantes conventions du siècle.

Chez Morgan, tous les associés font partie d'un petit cercle très fermé et doivent, au physique comme au moral, se ressembler : WASP bien sûr, irréprochables et surtout pas divorcés, grands, minces, blonds et élégants. Chez Morgan, il n'y a pas de place pour un juif et encore moins pour un Noir : c'est un club de gentlemen ! À la fin de l'année, autour d'un feu de bois, le patriarche donne une enveloppe à chaque associé, à l'intérieur de laquelle il y a un chèque : c'est le bonus, en général pas moins d'un million de dollars, somme considérable pour l'époque (25 millions actuels).

Pierpont lui-même, bien sûr, vit sur un grand pied. Sa fortune, en 1910, se monte à 80 millions de dollars, ce qui ferait aujourd'hui environ 2 milliards. Mais c'est assez peu comparé à un John D. Rockefeller, qui dispose à la même époque d'un milliard de dollars, soit 25 milliards actuels. Quand Pierpont décède en 1913, à soixante-seize ans, Rockefeller s'exclamera, en apprenant le chiffre : « Et dire que ce n'était même pas un homme riche » !

4

La machine à rêves

Vingt-trois immigrants avaient débarqué en Amérique en 1654, via le Brésil, après avoir fui l'Inquisition espagnole. Leur navire, le *Saint-Charles*, a été surnommé le « *Mayflower* juif ». Ces juifs sépharades se nommaient Cardozo, Baruch, Lazarus, Nathan, Gomez, Lopez, Lambroso… Les puritains de la Nouvelle-Angleterre, ceux du vrai *Mayflower* de 1620 – le navire du mythe fondateur des États-Unis –, les reçurent à bras ouverts : comme les Hébreux, ils recherchaient la Terre promise, le roi d'Angleterre George III était le vilain pharaon, le protestantisme était un néojudaïsme, et leurs enfants se prénommaient Moïse, Joshua ou Abraham. Au XIXe siècle, ces familles étaient non seulement bien intégrées mais se trouvaient au sommet de la haute société américaine.

La seconde vague d'immigration va déferler autour de 1850. Le gros des troupes vient d'Allemagne, essentiellement de Bavière. Ce sont des juifs allemands, souvent de vieille souche, mais pour la plupart dénués de tout. Arrivés les derniers, pauvres parmi les pauvres, ils sont méprisés par leurs coreligionnaires, ces vieilles familles juives sépharades désormais installées qui regardent de haut ces gueux débraillés et sans éducation qui arrivent dans un monde presque vierge. Ils n'ont rien à perdre et tout à gagner.

Que fait-on quand on n'a rien ? On cire des chaussures ou on tente de faire du commerce. De légumes ou de tout ce qui se présente. Ils commencent donc comme grouillots ou marchands ambulants. Puis, les plus entreprenants s'élèvent et, au fur et à mesure de leur ascension, ils se divisent en strates hiérarchisées, liées essentiellement à leur date d'arrivée aux États-Unis : il y a les « anciens », arrivés entre 1837 et 1860 (les Seligman, les Goldman, les Sachs, les Lehman). Ceux qui sont arrivés après 1865 et la guerre de Sécession (les Lewisohn, les Schiff, les Thalmann). Et enfin ceux qui arrivent dans les années 1890, les Warburg en particulier, plus aisés que la moyenne. Peu importe que les Warburg soient déjà des bourgeois avant d'arriver aux États-Unis : ils sont arrivés les derniers.

Se sentant faibles, les nouveaux venus se marient entre eux, et gare aux mésalliances ! Pendant très longtemps, on ne devient associé d'une banque d'affaires juive que par la naissance ou par le mariage ; Joseph Seligman et sa femme sont cousins. Trois filles Goldman de la deuxième génération épousent trois frères Sachs, et jusqu'en 1924, tous les associés de Lehman Brothers, sans exception, sont des Lehman.

Toutes ces familles vont formidablement réussir dans la banque. Elles se feront construire des palais à New York ou à Elberon (le « Newport juif »), mais resteront toutefois marginalisées : dans le premier *Social Register* de New York de 1887, qui compte deux mille familles, ils n'y figurent pas ! Ils ne dominent pas non plus, ou plutôt pas encore, la haute banque new-yorkaise, qui reste l'apanage de la toute-puissante Morgan. Jusque dans les années trente, sur deux cent cinquante-deux membres du Stock Exchange, seuls quarante-six sont juifs, ce qui finalement traduit bien le rapport de force.

Mais le rêve est bien là, il s'est réalisé au-delà de toute attente, au-delà de tout espoir, comme le laisse entrevoir le magnifique poème d'Emma Lazarus (*The New Colossus*) toujours gravé sur la statue de la Liberté qui accueille les immigrants à New York[1].

Parmi ces formidables familles, qui toutes ont défrayé la chronique, certaines n'arriveront pas à se perpétuer au-delà de deux générations, d'autres auront le talent de construire des dynasties dont les noms nous restent familiers aujourd'hui dans le gotha de la finance mondiale. Ce sont les Goldman, les Sachs ou les Lehman, tous juifs de Bavière.

Henry, Emmanuel et Mayer Lehman arrivent, eux, en 1844 de leur Allemagne natale et s'installent en Alabama, où ils pratiquent le commerce du coton. En 1858, dès avant la guerre de Sécession, les frères déménagent à New York pour se lancer, comme d'autres, dans des opérations de financement des chemins de fer.

---

1. *Give me your tired, your poor, / Your huddled masses yearning to breathe free, / The wretched refuse of your teeming shore. / Send these, the homeless, tempest-tossed to me, / I lift my lamp beside the golden door !* (Donnez-moi vos pauvres, vos exténués / Qui, en rangs serrés, aspirent à vivre libres / Le rebut de vos rivages surpeuplés / Envoyez-les-moi, les déshérités, que la tempête m'apporte / De ma lumière, j'éclaire la porte d'or !).

Leur intelligence et leur entregent font merveille. Mais ils ne payent pas de mine. Leur apparence est tellement terne qu'ils cachent bien leur jeu. Un grand financier new-yorkais qui veut se faire une opinion sur eux rend visite à Henry, puis dit à ses associés :

– Non, c'est Emmanuel qui doit être brillant.

Après avoir rencontré Emmanuel, il dit :

– Non, c'est Mayer qui doit être brillant.

Puis, après avoir vu Mayer, il estime, désemparé :

– Non, finalement, c'est Henry qui est brillant.

En 1900, Lehman Brothers n'est encore qu'une petite banque, bien en dessous de l'establishment WASP ou des banques juives de New York, dont Kuhn Loeb est la plus prestigieuse. Les Lehman n'ont ni le pouvoir d'un Seligman ni la fortune d'un Schiff. Ils se lancent dans le financement de nouveaux entrepreneurs, ce que Kuhn Loeb néglige ou méprise : chaînes de grands magasins, textile, vêtements, cigarettes. Ils vont financer quantité de nouvelles entreprises de tous secteurs, qui seront les grands noms des affaires pendant plus de cent ans : Sears, Roebuck, Woolworth, May, Macy's, Haliburton.

Ils ont la chance d'avoir une deuxième génération de rejetons qui s'intéresse à la banque. Constatant les percées de Lehman dans le financement de nouvelles entreprises, un autre de leurs compatriotes, lui aussi en train de percer, Henry Goldman, songe sérieusement à une association avec eux : on est passé à deux doigts d'avoir un Goldman & Lehman ! Mais les deux sœurs d'Henry Goldman sont mariées à deux frères Sachs, et on aura donc... Goldman Sachs.

Herbert Lehman, fils de Mayer, devient colonel de l'armée américaine, associé de Lehman Brothers, sénateur et gouverneur de l'État de New York. Il sera un grand supporter du président Franklin Roosevelt. Philip Lehman, fils d'Emmanuel, sera lui aussi un associé de Lehman Brothers, mais surtout un immense collectionneur, qui transmettra le virus à son fils Robert.

Celui-ci décorera son bureau de Botticelli, Goya, Greco, Rembrandt, Renoir, Picasso, Cézanne. Il fait une gigantesque donation au Metropolitan Museum de New York. Robert, lui aussi partenaire de Lehman, est un grand cavalier, compagnon de polo et intime d'Averell Harriman, également banquier, mais qui sera surtout un très grand diplomate américain de Roosevelt jusqu'à Lyndon Johnson, de la Seconde Guerre mondiale à la guerre froide, en passant par le poste de gouverneur de l'État de New York. Sa troisième épouse, Pamela, ex-belle-fille de Winston Churchill, deviendra ambassadrice des États-Unis à Paris, où elle mourra foudroyée par une crise cardiaque à la piscine du Ritz. Robert dirigera la firme pendant quarante-quatre ans. Il *est* Lehman Brothers. Parmi ses nombreux mandats, il préside nombre de sociétés que Lehman avait financées à leurs débuts : RCA, TWA, Paramount Pictures, Pan Am, Hertz, Macy's, etc. Il meurt en 1969. Sa disparition laissera un vide immense.

En 1848, Joseph Sachs arrive en Pennsylvanie, venant de Würzburg en Bavière. Marcus Goldman arrive au même endroit, venant de Trappstadt, à trente-cinq kilomètres de là. La firme, qui va devenir la référence mondiale en matière de banque d'affaires, commence sa vie comme une petite boutique à Philadelphie. En 1869, Marcus déménage à New York où il crée Goldman & Co., petite officine de prêts sur gages aux commerçants du quartier. Quelques années plus tard, Sam Sachs, fils de Joseph, rejoint Marcus, et la firme devient enfin Goldman Sachs. Sam Sachs va épouser Louise Goldman, fille de Marcus. Pendant cinquante ans, tous les associés de Goldman Sachs sont des Goldman, des Sachs, ou des Weinberg, tous liés par le mariage. En 1896, Goldman Sachs devient membre de la Bourse de New York. L'aventure peut commencer.

Mais pour faire sérieusement de la banque, il faut être présent à Londres, le centre mondial de la finance. Marcus repère la très prestigieuse Kleinwort, Sons & Company. Kleinwort se renseigne auprès de Rothschild, qui ne connaît pas Goldman Sachs. Rothschild demande à son représentant à New York, August Belmont, qui répond : « C'est une firme sur laquelle on ne peut rien dire de négatif. » Belmont est si puissant que cette petite phrase suffit. Kleinwort & Sons s'associe à Goldman Sachs.

Pendant la guerre de 14-18, Henry Goldman, jugé trop germanophile, devra démissionner. La famille, après quelques années de tâtonnements, placera à la tête de la firme le brillant Sidney Weinberg. Weinberg, qui avait commencé à travailler à dix ans en vendant des journaux au Manhattan-Brooklyn Ferry Terminal, devient président de Goldman Sachs en 1930. Il en sera pendant quarante ans le chef légendaire, jusqu'à sa mort en 1969. C'est lui qui forge le Goldman Sachs moderne. De petite taille, il avait commencé sa carrière dans la banque familiale comme assistant portier, chargé de brosser les chapeaux de soie des *partners*. C'est lui qui inculquera à la firme une forte culture de contrôle du risque, qui lui servira longtemps.

Dans ce petit monde de Wall Street, les Goldman n'aiment pas les Lehman (« des vendeurs de bestiaux », disaient-ils). La méfiance entre Goldman Sachs et Lehman Brothers est un secret de polichinelle. À un déjeuner où tous les partenaires des deux firmes, sans exception, sont présents, dans les locaux de Lehman Brothers, Sam Sachs se lève en s'excusant car il doit retourner dans les locaux de Goldman Sachs, ayant stupidement oublié de fermer le coffre à clé. « Ne t'inquiète pas, Sam, lui lance Philip Lehman, nous sommes tous là ! »

Goldman et Lehman se regardèrent toujours en chiens de faïence, jusqu'à l'épilogue de septembre 2008, où ce fut un Goldman boy, Henry Paulson, qui procéda à l'exécution de la banque Lehman Brothers.

5

La saga des juifs allemands

La machine à rêves américaine a merveilleusement fonctionné pour ces immigrants d'Europe centrale venus tenter leur chance dans la nouvelle Amérique. À la fin du XIXe siècle, les Goldman ou les Lehman sont déjà puissants, mais bien moins qu'une autre famille de juifs bavarois : les Seligman. Pourtant, ce nom est aujourd'hui tombé dans l'oubli.

Qu'est-ce qui fait la différence entre les dynasties familiales qui savent se perpétuer et les créateurs brillants mais sans descendance ? Comment des puissances dominantes comme les Seligman en viennent-elles à se fondre dans la masse, ou encore les Kuhn, Loeb, Schiff et autres Belmont, qui ont fait un bon morceau de l'histoire de Wall Street, tous, eux aussi, juifs allemands sans exception ?

Joseph Seligman, yeux bleu pâle, l'air rêveur et absent, est originaire de Baiensdorf en Bavière, d'où il arrive en 1837. Sa famille est très pauvre. Il émigre en Amérique et fait venir ses frères et sœurs (ils sont huit au total). Il démarre dans le petit commerce textile et l'un de ses frères, William, devient un peu plus tard très lié à un client du magasin, un certain Ulysses Simpson Grant, lieutenant au 4e régiment d'infanterie. Un peu de chance s'ajoutant à beaucoup de travail ne nuit pas.

Lors de la guerre de Sécession, les Seligman vendent donc des uniformes aux Nordistes. Isaac Seligman rencontre même Abraham Lincoln à la Maison Blanche, en mars 1862, et se fait payer les uniformes en obligations d'État… que Joseph va vendre à Amsterdam. Voilà les Seligman dans le métier de la banque. Joseph crée alors Seligman and Co., en s'inspirant de la banque Rothschild : William à Paris, Henry à Francfort, Isaac à Londres, Abraham et Leopold à San Francisco, James, Jesse et Joseph à New York. Et Seligman se met à gagner beaucoup d'argent en investissant avec son ami, Cornelius Vanderbilt, dans New York Mutual Gas. C'est la fortune, presque la gloire. En 1869, Ulysses Grant, devenu ami intime des Seligman, est élu président des États-Unis, et propose à Joseph Seligman le poste de secrétaire au Trésor. Joseph est stupéfait ! Il a cinquante ans, il est riche, mais ce dernier pas l'effraie, il ne s'en croit pas digne. Après trois jours d'angoisse, il refuse ce portefeuille. Mais il reste dans les meilleurs termes avec son ami Grant et dîne très souvent avec lui à la Maison Blanche.

À la fin des années 1860, les actions des chemins de fer (85 % de la capitalisation boursière de l'époque !) sont en vedette. Joseph Seligman s'associe alors – ce n'est pas ce qu'il fait de mieux – avec les escrocs « Uncle Daniel » Drew, un ancien cow-boy gardien de troupeaux, « Jubilee » Jim Fisk, un ancien fermier, et Jay Gould. Drew se retrouvera en prison, Joseph paiera sa caution ! Cette sulfureuse connexion ne servira pas la réputation de Joseph. Celui-ci, en 1870, commet une nouvelle erreur en aidant Jay Gould à manipuler le marché de l'or, l'idée étant d'aller expliquer à Ulysses Grant qu'il faut expédier du blé en Europe pour remplir d'or les coffres américains. Mais – et cela, Joseph ne le dit pas – pour faire aussi la fortune de la ligne de chemin de fer transcontinental (propriété de Gould). Grant, surpris par cette idée venant d'un ami, ne se laisse cependant pas berner. Et c'est un échec de plus pour Joseph qui, d'ailleurs, n'a aucune connaissance en géographie. Au très chic club juif Harmonie, on chante alors : *« Mit Seligman hab ich mein geld verloren »* (« sur Seligman, j'ai perdu mon argent ! »).

Puis vient l'énorme panique financière de 1873, lors de laquelle les banquiers sont traînés dans la boue. Seligman ne fait pas exception. Mais tout se calme, et une curieuse association Seligman-Morgan-Rothschild prend naissance, afin de vendre des obligations américaines en Europe. Les Seligman sont alors au sommet de leur gloire. Joseph meurt en 1878. Son frère Jesse prend la succession. Jesse meurt en 1894. Les huit frères Seligman ont eu au total quarante-quatre enfants, mais pas un ne se révélera à la hauteur. Sauf peut-être Florette, jeune fille douée, qui épouse un riche coreligionnaire, Benjamin Guggenheim, et sera la mère de la plus prolixe des mécènes artistiques du XXe siècle : Peggy Guggenheim, fondatrice des musées qui portent son nom. Mais, parmi les garçons de la famille, pas un seul ne sauve l'honneur. Tous ces héritiers sont-ils stupides, ou ont-ils été élevés dans trop de confort ? Leur génération vit sur un grand train, dilapide allégrement sa fortune, mais elle est trop molle pour prendre vraiment en main les affaires. La maison Seligman mourra purement et simplement, faute de combattants.

L'histoire des Seligman se répète pour d'autres familles juives talentueuses, qui seront des banquiers puissants de Wall Street et auront le même destin pour cause d'absence de succession digne de ce nom. On pourrait en dresser le portrait comme une litanie. Ceux de Salomon Kuhn, d'Abraham Loeb, de Jacob Schiff, qui seront, au tournant du XXe siècle, les financiers milliardaires les plus en vue de New York. Comme les Guggenheim et autres Lazard qui, eux, se perpétueront moins mal.

L'année où Joseph Seligman arrive à New York, un autre de ses coreligionnaires allemands fait la même traversée : August Schönberg. Né en 1816, le garçon vient d'une famille très pauvre. Ses camarades d'école décrivent un enfant violent, indiscipliné, sauvage, cruel… mais suprêmement intelligent. Il trouve le moyen de se faire engager chez les Rothschild à Francfort, qui l'envoient à New York pour y prospecter des affaires. Il a donc vingt et un ans en 1837 et touche terre exactement au moment où éclate l'une des pires crises financières du siècle.

Au départ de cette crise, il y a un décret du président des États-Unis Andrew Jackson imposant aux particuliers qui achètent des terrains à l'État de les payer en or et non pas en billets de banque. Nous sommes au début de la conquête de l'Ouest et Jackson pense que, si l'on fait monter le prix du métal précieux, les chercheurs d'or seront puissamment incités à se ruer vers les pépites charriées – on le sait depuis peu – par les rivières de l'Ouest profond ou vers les nouveaux gisements, et donc à accroître la production générale d'or. Mais les spéculateurs ne tardent pas à vendre leurs billets de banque contre de l'or, ce qui précipite la défiance à l'encontre du papier-monnaie et met les banques dans une situation impossible : l'hémorragie de leur or.

Pour faire bonne mesure, les banques britanniques ont beaucoup prêté aux États de la fédération américaine. Mais Londres relève brutalement ses taux d'intérêt. Il n'en faut pas plus pour que les sommes encore dans les coffres se ruent sur la City, en asséchant les disponibilités aux États-Unis. La raréfaction des liquidités et la défiance envers les banques précipitent à leur tour les faillites bancaires. Le crédit s'effondre, entraînant une récession économique qui durera six ans et qui, par sa sévérité, n'a rien à envier à la crise de 1929.

Mais, comme dans toute grande crise, quelques malins ou certains chanceux qui ont encore du cash tirent les marrons du feu. Le jeune Schönberg est de ceux-là. Comprenant immédiatement la situation, il engage les fonds des Rothschild pour faire son marché, rachète des actifs à bas prix pour les revendre après coup en faisant de juteuses plus-values. Il est si dynamique que, pendant un temps, il joue presque le rôle de banque centrale en tenant la tête hors de l'eau à quelques belles banques.

Le petit Allemand est devenu riche en peu de temps grâce à son culot et à la mise de fonds de son puissant employeur. Rêvant de respectabilité, comme tous ses semblables, il traduit prestement son nom dans un français de bon aloi : Schönberg se transforme en Belmont ! Désormais, August Belmont sera l'un des rois de New York. Et, bien sûr, il crée sa propre banque, tout en restant l'agent des Rothschild.

C'est un homme à femmes, immensément riche, un cynique absolu. Il se fait construire le palais le plus extravagant de New York et finit par se faire admettre à l'Union Club, le plus WASP et le plus fermé de New York. Il a enfin réussi. Les sépharades y sont entrés, Belmont les y a rejoints. On le croit vaguement français, sans creuser beaucoup plus loin. Belmont, il est vrai, est resté plus que discret sur ses origines. Curieusement, la bonne société new-yorkaise l'a adopté. Il épousera la très huppée Caroline Perry, fille du commodore Matthew Perry, le brillant officier de marine que le président des États-Unis a envoyé à la tête d'une puissante flotte en 1853 pour sortir le Japon de sa réclusion et l'ouvrir de force au commerce international, provoquant ainsi la révolution de Meiji.

Mais le mystère des origines juives d'August Belmont est un secret de polichinelle à New York. Edith Wharton le décrit dans son beau livre *The Age of innocence*, sous les traits d'un certain Julius Beaufort. « La question était : qui était Beaufort ? Il passait pour un Anglais, était agréable et joli garçon, hospitalier et spirituel. Mais ses mœurs étaient dissipées, sa langue était acérée, son caractère sombre. Ses antécédents étaient mystérieux. Les Beaufort n'étaient pas exactement communs : certains disaient qu'ils étaient encore pires. » La communauté juive allemande observe Belmont avec une certaine jalousie, car il est accepté dans la meilleure société, mais elle pense, décidément, qu'il va beaucoup trop loin.

Les juifs allemands ne peuvent pas entrer à l'Union Club. Ils restent donc entre eux, font des affaires entre eux, se marient entre eux, créent un monde plus rigide et suffocant encore que celui des WASP. Ils créent le club Harmonie, où la langue officielle est l'allemand et où, au mur, on a accroché un portrait du Kaiser. Cette forteresse-là sera plus verrouillée encore que celle des WASP.

En 1870, William Seligman dit à son frère Joseph : « Maintenant que nous sommes des gens importants, pourquoi ne pas changer de nom ? (sous-entendu, comme Belmont). – Je suis d'accord, répond Joseph, pourquoi ne pas t'appeler Schlemiel ? » Et l'on n'en parla plus !

6

Wall Street contre Main Street

« Wall Street a de tout temps été un asile de fous avec ses manies incontrôlées, un centre abracadabrant de rêves invraisemblables et de dépressions irrationnelles, une démocratie de l'avarice, un carnaval, un monde sens dessus dessous, un boulevard d'opportu nités illimitées et de désastres endémiques. Mais en même temps le royaume de tous les rêves », écrit l'historien Steve Fraser dans un superbe livre, *Wall Street : America's dream palace.* Wall Street a toujours été une hydre aux faces multiples, dans une relation émotionnelle exacerbée avec le peuple américain, celui de la vie réelle, que l'on surnomme « Main Street ». Ceux qui s'imaginent que les récents avatars de Wall Street sont l'irrémédiable aboutissement d'une décadence inéluctable qui prélude à la mort du capitalisme se trompent. Comme le dit Aaron Sakovski : « America, dès le début, fut une spéculation. »

Il n'est donc pas surprenant que dans l'histoire, les crises à répétition – et le cortège de drames et de misères qu'elles engendrent – aient rendu l'opinion schizophrène dès qu'il s'agit de Wall Street, passant de l'admiration béate à la haine. Les spéculateurs ont toujours attiré sur eux les foudres de l'opinion publique. Dès 1720, à la suite de la « bulle des mers du Sud » à Londres et de la faillite de John Law à Paris, un député anglais avait déposé un projet de loi proposant d'« enfermer les banquiers dans des sacs emplis de serpents, et de les jeter dans la Tamise » !

À côté des financiers respectables, on trouve, il est vrai, tout un lot grouillant de personnages étonnants, d'aventuriers flamboyants, d'agioteurs cyniques, de chevaliers d'industrie douteux qui animent le paysage et le brouillent singulièrement. Mais dans ce désordre apparent, l'un ne va pas sans l'autre, n'en déplaise aux âmes sensibles.

Le premier krach de Wall Street remonte à 1792. William Duer est le rejeton d'une excellente famille britannique. Élevé à Eton, d'abord officier de Sa Gracieuse Majesté, il part chercher fortune à New York où ses titres et sa prestance lui ouvrent les portes de la plus haute société et d'un fort beau mariage. Devenu riche, il se met en tête de spéculer sur les bons du Trésor américain avec l'aide de l'élite de New York. Mais il se met trop de dettes sur les épaules, fait faillite et provoque la première grande crise financière. La foule poursuit William Duer dans les rues où, fort heureusement, il est arrêté par la police alors que l'on s'apprête à le lyncher !

Wall Street devient dès ce moment un monde satanique pour les fermiers ruinés, les petits entrepreneurs gardant à peine la tête hors de l'eau, les ouvriers ou les petits artisans. La Bourse est dépeinte comme un repaire d'aristocrates conspirant contre la nation américaine. Le président James Madison (1809-1817) déclare : « Il doit y avoir quelque chose de fallacieux, radicalement et moralement et politiquement fallacieux, dans un système qui transfère les récompenses de ceux qui contribuent de la manière la plus importante vers ceux qui ne contribuent à presque rien. »

En fait d'aristocrates, Wall Street est plutôt peuplé de nouveaux riches sortis de rien, comme cette Mrs Hamilton Fish qui organise des *parties* pour les chiens de ses amis, avec colliers de diamants pour les animaux domestiques et où la place d'honneur à table est réservée à un singe. Ces « aristocrates » de Wall Street, arrogants et corrompus, se déguisent en Louis XIV ou en Marie-Antoinette, s'inventent des généalogies fantaisistes et marient leurs filles (les « princesses dollar ») à de vrais aristocrates européens désargentés peu regardants sur les voies et moyens de redorer leurs blasons, ce qui fera écrire au philosophe allemand Lichtenberg : « Les bourgeois, par une vanité mal placée, font de leurs filles un fumier pour les gens de qualité. »

Les générations suivantes n'ont rien à envier aux précédentes en termes de course à la spéculation et au snobisme social. À la fin du XIXe siècle, les Cornelius Vanderbilt, les Daniel Drew, les Jay Gould sont des « millionnaires instantanés », comme les appelle la rue de New York, qui, contrairement à leurs prédécesseurs, n'ont même pas une bonne éducation. Le Sénat (que l'on nomme le « club des millionnaires »), la Cour suprême et même la présidence leur semblent acquis. On s'offusque à l'époque que Grover Cleveland ait été *partner*, entre deux présidences des États-Unis (1885-1889 et 1893-1897), du cabinet d'avocats de la banque Morgan, comme on s'étonne de nos jours de trouver tant d'anciens dirigeants de Goldman Sachs – Henry Paulson, ministre des Finances de George W. Bush et, avant lui, Robert Rubin sous Clinton – aux plus hauts postes du gouvernement, quels que soient les partis au pouvoir.

Mais n'oublions jamais que ces riches affairistes de Wall Street sont aussi ceux-là mêmes qui ont créé les grands groupes fondateurs de la puissance américaine. Sans ces entrepreneurs arrogants mais doués, le financement des chemins de fer et des plus grandes entreprises industrielles n'aurait pas existé. C'est là toute l'ambiguïté de la haute finance américaine.

L'antagonisme de Main Street à l'encontre de cette oligarchie américaine créatrice mais peu scrupuleuse atteint des sommets lors de l'élection sénatoriale de 1896. Dans son livre *Caesar's Column*, qui est l'un des plus grands succès de l'époque, Ignatius Donnelley raconte l'histoire d'une bande d'émeutiers, la Fraternité de la destruction, qui, commandés par un certain Caesar Lomellini, barricadent les rues autour de Wall Street et bâtissent une pyramide sur Union Square avec 250 000 corps de spéculateurs !

Ce sont pourtant les Républicains – plus liés que d'autres aux puissances d'argent – qui gagnent l'élection de 1896. Et cette date marque le véritable début du règne sans partage de la banque JP Morgan. Après les grandes crises financières, le peuple américain, par un revirement périodique dont il est coutumier, encense le nouveau héros, Pierpont Morgan. Wall Street redevient populaire au tournant du XXe siècle.

Cependant, la méfiance envers ces requins séduisants perdure dans les cercles dirigeants, à commencer par celle du président des États-Unis Theodore

Roosevelt[1], très méfiant à l'encontre d'une telle concentration de pouvoirs entre les mains de cette « clique », selon ses termes. Morgan et Theodore Roosevelt se détestent. Alors que ce dernier participe à un safari en Afrique, Pierpont Morgan laisse tomber : « J'espère que le premier lion qu'il rencontrera fera son devoir. »

Toutefois, la lune de miel avec Main Street continue. Pendant la guerre de 14-18, un régiment de rejetons des ploutocrates de Wall Street, le 107th Infantry Regiment (« le régiment aux chaussettes de soie ») se couvre de gloire dans l'assaut de la ligne Siegfried. À la fin de la guerre, les survivants sont accueillis par une foule immense sur la Cinquième Avenue, qui crie *« Welcome home Seventh »* pour honorer les chevaliers lumineux de Wall Street.

La crise de 1929 est précédée par la période dorée des Années folles, que les Américains nomment « les années rugissantes » *(roaring twenties).* Ce sera le champ des pires excès spéculatifs, avec ses personnages hauts en couleur. Charles Ponzi, remarquable vendeur de produits financiers mirobolants, est l'inventeur de la fraude pyramidale où les derniers arrivants payent les intérêts extravagants versés à leurs prédécesseurs entrés avant eux dans la souscription. Ponzi imagine un montage sur des coupons postaux, arbitrage très réel mais qui ne peut mathématiquement se faire sur des montants aussi colossaux. Personne ne pose de questions, tout le monde restant obnubilé par la manne promise

1. Au pouvoir de 1901 à 1909, prix Nobel de la paix en 1906.

par le séduisant Ponzi. En 1920, son escroquerie est découverte et il passe quatorze ans en prison. Puis il part pour l'Italie où il devient un petit fonctionnaire du régime de Mussolini, avant de mourir au Brésil dans la plus grande pauvreté, en 1949. C'est exactement la même « pyramide de Ponzi » que montera, quatre-vingts ans plus tard, Bernard Madoff, mais pour des montants exorbitants (50 milliards de dollars) qui lui valent, en 2009, une condamnation à cent cinquante ans de prison !

Des spéculateurs sans vergogne constituent, dès les années vingt, de puissants groupements – les « syndicats », sortes de fonds spéculatifs (hedge funds) de l'époque, sans que l'on utilise encore ce terme – qui manipulent de manière éhontée les marchés. On y trouve par exemple Mike Meehan, qui a commencé sa carrière en vendant des billets de théâtre à Broadway. Petit, ventripotent, âgé de trente-huit ans en 1929, il s'est spécialisé dans la spéculation sur les valeurs d'une industrie naissante : la radio. Et notamment sur la première des compagnies radiophoniques, RCA (Radio Corporation of America). La « bulle » radiophonique des années vingt explosera de manière aussi tonitruante que, plus récemment, celle d'une autre technologie nouvelle : les valeurs Internet (« Dot Com ») en 2001, exactement selon le même scénario.

Autre personnage fameux : Jakob Raskob est le fils d'un fabricant de cigares alsacien. Il est né dans un des quartiers les plus sinistres de New York et a fait fortune dans des spéculations diverses pas toujours nettes. Il habite un château dans le Delaware, premier des grands paradis fiscaux américains sous une apparence d'État respectable de la fédération (jusqu'à la période actuelle). Avec son compère William Crapo Durant, il crée un pool financier pour investir dans une industrie balbutiante promise à un bel avenir : l'automobile.

Durant a bien essayé de racheter Ford en 1909, mais a échoué de peu. Petit-fils du gouverneur du Michigan Henry Crapo, il peut aller voir le président des États-Unis à sa guise. Il connaîtra les plus grands succès et les pires faillites. Persistant à s'intéresser à l'automobile, il donne l'impulsion à la création de General Motors et à ses grandes marques comme Chevrolet, Buick, Oldsmobile, Pontiac, Cadillac, Chrysler. Avec son associé – le sinistre Raskob –, il achète également le célèbre hôtel Waldorf Astoria au coin de la Cinquième Avenue. À partir de 1920, Durant porte son intérêt sur la finance et constitue un *investment trust* spéculatif de 4 millliards de dollars, ce qui ferait aujourd'hui 100 milliards !

Jesse Livermore est un autre personnage tonitruant des années vingt de Wall Street. Il commence à travailler à quatorze ans comme grouillot chez un agent de change, puis fait son chemin grâce à une fabuleuse mémoire et à une remarquable intuition qui l'a fait spéculer avec succès à la baisse juste avant le grand krach de 1907. En 1929, il possède des châteaux, un yacht, un wagon de chemin de fer pour son usage personnel et un des premiers avions privés. Il est toujours en voyage entre Nice, Paris et New York. C'est un impénitent coureur de jupons, entretenant des maîtresses un peu partout dans le monde. Proche de William Durant, il est surnommé « le plongeur » pour son ineffable capacité à vendre toutes sortes de produits à découvert.

La spéculation ne désarme donc pas, malgré crises et scandales. Parmi les ténors de Wall Street juste avant 1929, l'un d'eux – une fois n'est pas coutume – est un salarié (de luxe) : Charles Mitchell, président depuis 1921 de la National City Bank, la plus grande banque de dépôts du pays. Né dans une famille pauvre de Boston, il a étudié la comptabilité en cours du soir. En 1928, son salaire est de 25 000 dollars et son bonus de 1,3 million (35 millions d'aujourd'hui). Charles Mitchell est un personnage hors du commun. Éminemment énergique, grossier, doté d'un énorme pouvoir de concentration et de persuasion, c'est un vendeur-né. Il pousse ses troupes à vendre des actions comme on vend des tapis. Il faut vendre, vendre, vendre... et tant pis si c'est n'importe quoi, n'importe comment. Il invente le concept de marketing de masse et attire de nombreux déposants. Mais on découvrira qu'il a spéculé et triché avec les dépôts de la banque, et lourdement manipulé son cours de Bourse. En 1929, l'action de National City Bank vaut 577 dollars. En 1933, elle est tombée à 20 dollars. Il passe un très mauvais moment devant la commission d'enquête du Sénat, comme le président failli de Lehman Brothers (Dick Fuld), qui sera, lui aussi, soumis rugueusement à la question dans la même enceinte soixante-quinze ans plus tard.

Le dernier de ces personnages douteux des Années folles est sans doute l'un des pires : Joe Kennedy. Son père a débuté comme docker, mais, à trente-deux ans, s'est retrouvé propulsé sénateur puis a fait carrière dans la finance à Boston. Le fils, très grand, très beau, doté de nerfs d'acier, est admis à Harvard. Il épouse Rose Fitzgerald, fille du maire de Boston. Mais, Irlandais et catholique, Joe est rejeté par la grande bourgeoisie protestante locale. Il fait d'abord fortune dans l'industrie du cinéma, puis se lance à Wall Street. C'est l'un des plus cyniques spéculateurs de son époque, mouillé jusqu'au cou dans les manœuvres les plus tordues des syndicats d'investissement. Mais il va avoir une intuition géniale : vendre ses actions juste avant la crise de 1929.

Après quoi il fait une campagne impeccable de relations publiques pour restaurer son image. Lorsque la Security & Exchange Commission de la Bourse de New York est créée par le président Roosevelt en 1933 pour amener à résipiscence les métiers financiers de Wall Street, qui choisit-on pour diriger cette première SEC ? Joe Kennedy ! Il y fera d'ailleurs un excellent travail... L'un de ses fils, John Kennedy, deviendra, on le sait, président des États-Unis. Le genre s'est reproduit, puisqu'un autre grand spéculateur, Bernard Madoff, sera, en son temps, dans les années quatre-vingt-dix, le respectable président de la Bourse des valeurs technologiques de New York, le Nasdaq. Mais Madoff finira moins glorieusement que Joe Kennedy.

Les excès commis par Wall Street avant la crise de 1929 finissent par lui aliéner le monde entier. Franklin Roosevelt qui, pas plus que son parent Teddy, n'aime les banquiers de Wall Street, écrira : « Le problème fondamental avec tous ces gens est leur manque total de la plus élémentaire éducation. Et je ne veux pas dire manque de diplômes, etc., je veux dire leur incapacité à comprendre ce pays, le public, et leurs obligations à l'égard des autres. »

À l'automne 2008, le krach viendra de loin lui aussi. Et Main Street se répandra contre les banquiers irresponsables et les profits mirobolants. Wall Street est une histoire sans cesse recommencée.

DEUXIÈME PARTIE

D'UNE CRISE À L'AUTRE

« Rien n'est plus perturbant pour son bien-être et son jugement que de voir son voisin s'enrichir. »

Charles Kindleberger

« *Greed is good, by the way.* »
(« Vive la cupidité ! »)

Ivan Boesky (1986),
arbitragiste à Wall Street

7

La catastrophe

C'est au tournant du XXe siècle que va se produire la première véritable mondialisation. Grâce aux navires à vapeur, on échange désormais d'un bout de la planète à l'autre. En 1900, les exportations mondiales représentent 20 % de la production industrielle, ce qui est le chiffre (considérable) de 1980. Pour assurer le paiement de ces échanges, la clé de voûte du système est l'étalon-or (Gold Standard), grâce auquel le papier-monnaie est librement convertible en or. Les monnaies, toutes gagées sur l'or, ont entre elles des parités fixes. Ce système a conduit à une remarquable fluidité des capitaux et à quarante ans de paix entre 1873 et 1913.

Mais comme la quantité de monnaie en circulation ne dépend pas du niveau d'activité économique, on peut toujours craindre des périodes erratiques d'inflation ou de déflation. Cela s'est produit depuis des temps immémoriaux et a provoqué des crises financières récurrentes. La première crise bancaire bien documentée date de 33 après J.-C., dans l'Empire romain : l'empereur Tibère doit injecter en catastrophe un million de pièces d'or pour sauver le système ! Depuis la crise des tulipes à Amsterdam en 1637, soixante crises financières plus ou moins importantes ont éclaté, précédées de périodes d'optimisme puis de folie des spéculateurs, puis de panique, puis de krach, toutes sur le même modèle. Rien de nouveau sous le soleil.

Dès avant la Première Guerre mondiale, le centre du monde économique a donc basculé de l'Europe vers l'Amérique. En 1870, le PIB américain a rejoint celui de l'Angleterre. En 1913, la puissance américaine est cinq fois plus importante que celle de son cousin britannique. Relativement épargnée par le conflit, l'Amérique finance en partie la Grande Guerre et sort la tête haute face aux puissances européennes qui se sont écharpées. La nouvelle donne aurait dû s'accompagner d'une nouvelle architecture monétaire et financière. Une série de mauvaises décisions va en disposer autrement.

Pendant la Grande Guerre, il faut bien suspendre le Gold Standard pour financer le conflit par la planche à billets : la monnaie en circulation est multipliée par deux en Grande-Bretagne, par trois en France, par quatre en Allemagne ! Les belligérants s'endettent tellement que l'on croit généralement à leur proche faillite à la fin de la guerre. En 1918, la France doit 7 milliards de dollars aux États-Unis et à l'Angleterre (1,4 trillion actuel), et l'Angleterre doit 4 milliards aux mêmes États-Unis (800 milliards actuels). Les réparations allemandes exigées par les vainqueurs se montent à 12 milliards de dollars (2,4 trillions actuels), mais l'Allemagne est encore plus exsangue que les autres.

Pour sortir de cette situation, on pense alors qu'il faut impérativement retourner à l'étalon-or. Justement, les quatre responsables des grandes banques centrales, après la Première Guerre mondiale (Montagu Norman pour la Banque d'Angleterre, Émile Moreau pour la Banque de France, Hjalmar Schacht pour la Reichsbank et Benjamin Strong pour la Federal Reserve), en sont tous convaincus.

On s'apprête donc à revenir partout à l'étalon-or, mais comment ? La monnaie en circulation a considérablement augmenté partout. De plus, l'or a beaucoup changé de mains au cours de la guerre : en 1913, États-Unis, France, Grande-Bretagne, Allemagne avaient conjointement 5 milliards de dollars de réserve or. En 1923, les États-Unis, à eux seuls, en détiennent 4 milliards ! La France et l'Angleterre, ensemble, en ont moins de 2. Donc, pour revenir à l'étalon-or, il n'y a que deux solutions : dévaluer les monnaies d'au moins 50 % (réduire leur valeur or), ou bien retirer au moins 50 % des billets en circulation (et créer une déflation massive).

L'Anglais Montagu Norman choisit la déflation, en fixant la nouvelle parité sterling-or à un niveau bien trop élevé ; le résultat ne tarde pas : une perte de compétitivité de l'économie anglaise, des faillites en chaîne dans le cœur industriel de l'Angleterre, des pertes d'or en faveur des États-Unis et de la France. La France choisit au contraire la dévaluation. Elle fixe la parité franc-or à un niveau trop bas, ce qui a pour effet de doper ses exportations et d'accumuler des réserves or. Ces tensions empoisonnent durablement l'ambiance internationale de l'entre-deux-guerres.

Sur le problème de l'étalon-or, même Winston Churchill se trompe lourdement. Contre toute attente (la sienne en tout cas !), il est nommé chancelier de l'Échiquier en 1925. Le problème se pose d'emblée : pour ou contre le Gold Standard ? Le nouveau ministre des Finances n'arrive pas à se décider, il n'est pas suffisamment sûr de lui sur ce sujet délicat pour affronter les idées reçues. Finalement, le 17 mars 1925, Churchill organise un dîner en petit comité : quelques amis en faveur de l'étalon-or, quelques amis contre. Après force brandys, whiskys, un bon dîner et de gros cigares, Churchill choisit son camp : pour l'étalon-or !

Vers la fin de sa vie, Churchill reconnaîtra que ce fut la plus grave erreur de sa carrière. Épisode extraordinaire : le 18 septembre 1931, Churchill invite Charlie Chaplin dans sa maison du Kent. Pendant le dîner, Charlot dit à Churchill : « Vous avez commis une grave erreur en 1925, en rétablissant l'étalon-or à une mauvaise parité. » Churchill est stupéfait, car Charlot connaît parfaitement le sujet ! Le rétablissement de l'étalon-or, et de plus à une mauvaise parité, crée les conditions favorables au développement d'une bulle et donc à la crise de 1929.

Tout le monde tombe-t-il donc dans le panneau de l'étalon-or ? Une personne au moins est contre : John Maynard Keynes. Celui-ci est connu depuis peu pour son best-seller, *Les Conséquences économiques de la paix*, dans lequel il dénonce comme dangereuses les humiliantes réparations réclamées à l'Allemagne. L'hyperinflation est le fléau de l'Allemagne. En août 1923, un dollar vaut 620 000 marks. En novembre, il vaut 630 milliards de marks ! Un kilo de beurre coûte alors 250 milliards de marks, une course en taxi 15 milliards ! Keynes traite l'or de « relique barbare » coupable de cette situation dantesque.

Au passage, rappelons que Keynes est bien loin d'être un économiste en chambre. C'est aussi un spéculateur redoutable. Réunissant les capitaux d'un groupe d'amis, il joue à la baisse contre les monnaies des pays européens. Dans un premier temps, il gagne beaucoup d'argent, puis fait faillite en 1920 et est renfloué par son père, ainsi que par un astucieux financier qui avait repéré son génie, sir Ernest Cassel. Ainsi renfloué, il reprend ses spéculations et fait vraiment fortune en 1922. Qualifié d'excentrique, il épouse en 1923 (platoniquement, disent les mauvaises langues) Lydia Lopokova, danseuse-étoile des Ballets russes. Personnage atypique, donc. Mais en matière de vision et de théorie économique, il aura toujours raison, envers et contre tous, jusqu'à aujourd'hui.

De l'autre côté de l'Atlantique, une politique monétaire, elle aussi erronée, prépare le terrain à la grande crise. Les États-Unis sont dans une bien meilleure situation que l'Europe. Les coffres regorgent d'or, le dollar est fort au point de devenir la monnaie refuge. Mais le pays entreprend de vivre à crédit. Les particuliers comme l'État fédéral accumulent une énorme dette. Les déficits (balance commerciale, budget) des États-Unis atteignent des niveaux jamais vus. Cette dette sert à financer artificiellement la croissance mondiale à travers la consommation des ménages américains, et l'abus de l'étalon-or permet aux États-Unis de financer leur dette internationale presque sans limites. Les déficits abyssaux, les flots de liquidités, la consommation hyperbolique, l'étalon-dollar mondial, cela ne vous rappelle rien ? C'est trait pour trait la situation actuelle…

Un autre point commun entre la crise de 1929 et celle d'aujourd'hui est le rôle primordial joué par les taux d'intérêt. En 1927, à Long Island, a lieu une réunion ultra-secrète des patrons des quatre plus grandes banques centrales : Benjamin Strong (États-Unis), Montagu Norman (Angleterre), Hjalmar Schacht (Allemagne) et Charles Rist – un célèbre économiste de l'époque – qui représente Émile Moreau (France), car ce dernier ne parle pas anglais ! Lors de cette réunion, Strong – l'ancien collaborateur de Pierpont Morgan pendant la crise de 1907 – dit à Rist : « Nous allons donner au marché un petit coup de whisky. » Qu'est-ce à dire ? Les gouverneurs savent ce qu'ils font : il faut aider l'Angleterre qui perd trop d'or, donc baisser les taux américains, et pour cela on doit donner un « petit coup de fouet » à Wall Street.

Ben Strong a fait passer les priorités internationales du Gold Standard avant les considérations de politique intérieure. Il abaisse donc les taux directeurs américains de 4 % à 3,5 %. Un coup de fouet modeste en somme, mais les marchés reçoivent le message. En fait, c'est une désastreuse erreur qui met le feu aux poudres : l'indice boursier Dow, qui est à 150, passe à 200 à l'été 1928 et à 380 quinze mois plus tard ! La grande euphorie qui va aboutir à la crise a démarré. En février 1928, Strong reconnaît son erreur et remonte brutalement les taux de 3,5 % à 5 % : trop tard, beaucoup trop tard ! Cet environnement de taux d'intérêt trop bas est exactement le même que celui qui a conduit à la crise des subprimes. Aurions-nous tout vu mais rien appris ?

8

Keynes avait raison

Dans les années vingt, les financiers de Wall Street s'en donnent à cœur joie. Pendant que les gouvernants prennent les mauvaises décisions, le champ est libre pour les spéculations les plus insensées, avec un argent que l'on ne possède pas.

De nouvelles activités prennent leur essor : l'automobile commence à devenir une industrie majeure (General Motors, créé en 1908), la technique nouvelle de la radio enflamme les esprits (Radio Corporation of America, créée en 1919). Tout est possible en Amérique, alors que l'Europe a bien du mal à panser ses plaies de la guerre. C'est, à Wall Street, la grande époque des « syndicats » financiers réunissant des assemblages de bric et de broc de banques d'affaires, de fonds privés, d'individus créatifs et sans scrupules, de pigeons fortunés, relayés par une Bourse sans vraie régulation ni connexion toujours claire avec l'économie réelle. On peut lever à peu près n'importe quelle somme et faire des profits gigantesques.

Quand l'euphorie s'empare du public, les oiseaux de mauvais augure sont toujours traités avec condescendance par les leaders d'opinion du moment, qui savent tout mieux que tout le monde. Le grand économiste gourou de l'époque, Irving Fisher, professeur à Yale, pérore encore le 5 octobre 1929, trois semaines avant la descente aux enfers : « Le prix des actions a atteint, semble-t-il, un haut niveau permanent. »

Mais tous n'ont pas perdu leur lucidité. Herbert Hoover – à qui l'histoire fera une réputation de benêt – a bien vu les risques de la folie spéculative. Il est tellement engagé dans ses propos que lorsqu'il est désigné candidat du parti républicain en 1926 – il gagnera l'élection présidentielle –, l'indice Dow Jones perd 7 % dans la journée ! Andrew Mellon, secrétaire au Trésor, l'a vu : « Quand l'état d'esprit du peuple américain changera, cette orgie spéculative s'arrêtera, pas avant. » L'affreux spéculateur Joe Kennedy l'a vu : « Quand un cireur de chaussures en sait autant que moi sur l'état du marché, il est temps d'en sortir ! »

Le Congrès aussi l'a vu. Tom Heflin, sénateur du Nebraska, déclare : « Wall Street est devenu le casino le plus notoire de l'Univers. » Mais le Sénat ne sait que faire. Pour le sénateur de l'Iowa Smith Brookhart : « Il n'y a aucun problème pour mettre fin au casino. On a des lois contre le jeu de poker, on peut avoir des lois contre la spéculation boursière. » La Fed a compris le problème. Il faudrait rehausser les taux d'intérêt, mais cela pourrait nuire à la croissance économique américaine, attirer encore plus de capitaux aux États-Unis et mener à la ruine de la monnaie. Toute ressemblance avec les années qui ont précédé la crise des subprimes des années 2000 n'est hélas pas du tout fortuite.

Les profits mirobolants ont altéré en tout cas le bon sens de la plupart des grands banquiers de l'establishment. Jack Morgan (le fils de Pierpont) comme son bras droit, Tom Lamont, continuent à se bercer d'illusions. Certains associés de la banque sont plus lucides, en particulier Russell Leffingwell qui pense et dit que le président de la Fed et le gouverneur de la Banque d'Angleterre, chauds partisans de la baisse des taux d'intérêt, font une grave erreur. Dès mars 1929, Leffingwell a confié à Jack Morgan : « Ils ont semé le vent, ils vont récolter la tempête. Je pense que nous allons avoir une crise mondiale. » Mais comme Leffingwell a la réputation d'être un pessimiste-né, l'avertissement fait sourire.

Le président des États-Unis, Herbert Hoover, respecte l'aimable Tom Lamont et sollicite souvent son avis, soit en lui téléphonant, soit en l'invitant à la Maison Blanche. Dès la mi-octobre 1929, Hoover s'inquiète et consulte Lamont à plusieurs reprises. Quelques jours avant le Jeudi noir, Hoover demande à Lamont s'il doit casser les reins de la spéculation, et Lamont lui répond tranquillement que les ragots sur cette spéculation sont très exagérés ! Le 22 octobre, c'est encore Hoover qui voit clair et envoie un message de panique à Lamont, où il se plaint de la spéculation qui devient sauvage. Le numéro 2 de la banque Morgan, lui, n'est toujours pas inquiet.

Le Jeudi noir, ce 24 octobre 1929, Wall Street s'écroule pourtant. Quelques heures plus tard, une réunion d'urgence est convoquée chez Morgan, où sont présents tous les grands présidents de la place. Les banquiers décident alors d'intervenir en mettant 240 millions de dollars sur la table pour soutenir le marché, ce qui est une stratégie toujours illusoire face à des forces déchaînées. Lamont démine la situation face aux journalistes et le *Wall Street Journal* annonce en première page : « Les banquiers arrêtent la débâcle : deux heures de ventes diluviennes stoppées après une réunion dans les bureaux de Morgan. » Hoover ajoute l'une de ces platitudes dont il a le secret : « L'activité fondamentale de ce pays, c'est-à-dire la production et la distribution des matières premières, est saine et prospère. »

Cela ne rassure pas du tout les marchés. Nouvelle panique le lundi 28 et le mardi 29 octobre. Ce même jour, Churchill est l'invité d'honneur du New York Stock Exchange et peut voir sa propre fortune s'évaporer en direct ! En six semaines, l'indice Dow Jones perd 50 % de sa valeur ; 50 milliards de dollars de capitalisation boursière ont disparu, l'équivalent de la moitié du PIB américain.

La Fed fait son devoir. Elle achète sur le marché 200 millions de dollars de bons d'État (2,4 milliards actuels). Elle orchestre le rachat par les grandes banques de New York d'un milliard de dollars de *broker's loans* (12 milliards actuels), évitant ainsi une panique bancaire. De novembre 1929 à juin 1930, elle réduit les taux d'intérêt de 6 % à 2,5 %. Mais c'est trop peu et trop tard.

En 2008, le président de la Fed, Ben Bernanke, sera hanté par les erreurs de la Fed après le Jeudi noir de 1929 : celle de ne pas avoir ouvert grand les vannes de la liquidité et d'avoir laissé Wall Street s'étouffer par manque d'oxygène, et il abaissera les taux à pratiquement 0 %. La vulgate américaine dans de tels cas reste de dépenser beaucoup et très vite afin de réamorcer la pompe.

Mais, en 1930, les débats au sein de la Fed sont exacerbés et venimeux. Les dirigeants de l'époque commettent alors une colossale erreur. La Fed se met à pratiquer une politique monétaire totalement à contretemps et cesse complètement d'intervenir peu après le mouvement initial. Pour ajouter de l'huile sur le feu, le 17 juin 1930, Hoover, malgré les supplications de Lamont dans le Bureau ovale, signe le *Hawley-Smooth Tariff Act,* qui met fin au libre-échange. Le commerce entre les États-Unis et l'Europe va se contracter de façon dramatique, propageant brutalement la crise américaine au reste du monde.

C'est le début de la fin. La chute de la Bourse alimente les faillites bancaires, qui elles-mêmes font plonger l'activité économique, laquelle entraîne de nouvelles banqueroutes dans un cycle infernal. Puis la crise s'étend en vagues rapides successives à toute la planète, comme un microbe mutant qui s'attaque à un organe puis à un autre jusqu'à la mort totale du système.

En 1930, le PIB réel des États-Unis a chuté de 30 %, celui de l'Allemagne de 25 %, celui de l'Angleterre de 20 %. Il y a 5 millions de chômeurs outre-Atlantique, 4,5 millions en Allemagne, 2 millions en Angleterre. Quant à la France, avec son franc sous-évalué, elle accumule d'énormes réserves d'or. On appelle la France « l'île heureuse » – pas pour très longtemps !

La livre sterling s'effondre et une bonne partie du monde abandonne le Gold Standard dans la panique. Inquiets, investisseurs et banques centrales pensent que le tour des États-Unis n'est pas loin : en quelques jours, 750 millions de dollars sont présentés à la Fed pour paiement en or. La panique bancaire aux États-

Unis s'intensifie : en un mois, 522 banques font faillite. En un an, 2 294 banques, une sur dix, passent à la trappe. Dans le centre industriel du pays, des milliers d'entreprises disparaissent. La production chute de 25 %. Entre septembre 1931 et juin 1932, le crédit se contracte de 20 %, entraînant de nouvelles et nombreuses faillites. Le Dow Jones chute à 41 en juillet 1932, une chute de 90 % par rapport à son plus haut de 1929.

Commence alors la grande dépression. En 1932, New York est devenu une ville fantôme. Sur Park Avenue, les appartements restent inoccupés. L'Union League Club a tapissé ses murs de certificats d'actions sans valeur. Le volume de la Bourse de New York a été divisé par dix. Treize millions d'Américains sont au chômage, deux millions dorment dans la rue. Jack Morgan fait amende honorable : « Le salut réside dans l'intégrité et l'honnêteté, solutions à nos problèmes dus, pour la plupart, à l'appât du gain. » Ce n'est pas suffisant. Herbert Hoover, qui n'aime déjà pas Morgan, se met carrément en guerre contre Wall Street, qu'il compare à un casino, et contre ses banquiers, que l'opinion publique de Main Street, les vraies gens, appelle alors les *banksters.*

Les banquiers se font insulter, Andrew Mellon est traîné en justice et doit démissionner de son poste de secrétaire au Trésor (ministre des Finances). En novembre 1932, Franklin D. Roosevelt, considéré au départ comme un poids léger, est élu sur le slogan de « *Happy days are here again* », qui en rappelle un autre plus récent (« *Yes we can* ! »). Mais les faillites bancaires continuent : au Nevada, en Louisiane, dans le

Michigan, en Indiana, Maryland, Arkansas, Ohio, Kentucky, Pennsylvanie. Le dollar est maintenant gravement attaqué. Keynes, à qui on demande s'il a déjà vu une chose pareille, répond : « Oui, au Moyen Âge, et ça a duré quatre siècles. »

En 1932, Hoover, malgré les objurgations de Lamont, demande au Congrès d'enquêter sur les spéculateurs. Cette insistance de Hoover aura de considérables effets. Les enquêtes du Congrès aboutissent à la constitution d'une commission dirigée par Ferdinand Pecora. Pecora, d'origine sicilienne, ancien district attorney de New York, est incorruptible et inflexible. Toutes les tentatives de Morgan pour le débaucher ou faire dérailler ses enquêtes se solderont par un échec. Lamont comparera les enquêtes de Pecora à l'Inquisition espagnole. Pecora poursuivra son enquête, en particulier sur Charles Mitchell (président de National City Bank) et Albert Wiggin (président de Chase), révélant leurs turpitudes au public.

Charles Mitchell, vendeur forcené d'actions avant la crise, sans considération ni pour le risque ni pour ses clients, a pris la détestable habitude de prendre des crédits pourris que l'on porte dans les livres de comptes de la banque, puis qu'on transforme en obligations pour mieux les revendre aux clients naïfs. Dans le processus, on se débarrasse ainsi de mauvais crédits et, de surcroît, on touche des commissions substantielles. Cela ne vous rappelle rien ? C'est exactement la pratique courante avant la crise des subprimes ! Et aussi après, d'ailleurs...

La colère se déchaîne alors contre Wall Street. Jack Morgan ne voit pas plus le danger à ce moment-là que les dirigeants d'AIG en 2008, lorsqu'ils s'attribueront d'énormes bonus en pleine débâcle. Au lieu de s'amender et se réformer tout de suite, le grand Jack Morgan bagarre contre les initiatives du Président et du Congrès.

Il se croit inattaquable. Or il apparaît que, très légalement, il n'a payé d'impôts ni en 1930, ni en 1931, ni en 1932 ! À tort, la presse accuse Jack Morgan d'évasion fiscale. Convoqué par le Sénat, ses auditions deviennent un cirque embarrassant pour lui, pour la banque et pour le système bancaire en général. Toutes les pratiques de Morgan, son côté feutré, « club de gentlemen », sont ainsi révélées et passent aux yeux du public, finalement, pour des arrangements entre amis pas très nets. Les « petits services » qu'ils se rendent les uns les autres passent pour de la collusion au sein du club des « copains et des coquins ». Même Washington est éclaboussé.

La banque Morgan devient, avec Goldman Sachs, le symbole détesté du krach. Le public exige des excuses. Les banquiers ne veulent pas les donner : « Nous ne sommes pas responsables : ce sont les politiciens les coupables. Pourquoi les banquiers devraient-ils faire une fausse confession ? » demande Leffingwell.

C'est à ce moment-là que Franklin Roosevelt est élu président – en novembre 1932. Mais il ne prend ses fonctions (c'est la règle à l'époque) qu'en mars 1933. Le timing est important, car la crise continue à se développer. Début 1933, c'est le dollar qui est violemment attaqué. La Fed commence à perdre son or (250 millions de dollars, un quart de ses réserves, sont perdus en deux semaines en février 1933). L'attaque sur le dollar est aggravée par le flou des intentions de Roosevelt, qui ne veut pas se dévoiler. Le 2 mars 1933, deux jours avant son intronisation, la situation devient critique et la crise s'intensifie. Les banques de New York commencent à gravement perdre leurs dépôts.

Hoover ne veut plus agir à un jour de son départ. Roosevelt ne veut rien faire avant d'être investi. Le 3 mars, la veille de sa prestation de serment, la Fed, au bord de la faillite, perd 350 millions de dollars (4,2 milliards actuels). Roosevelt et sa famille rendent visite à Hoover à la Maison Blanche pour prendre le thé.

Hoover : Allez-vous signer avec moi ce soir une proclamation fermant les banques ?

Roosevelt : Bien sûr que non, nom de Dieu ! Si vous n'avez pas les c… pour le faire, j'attendrai d'être président pour le faire moi-même !

La tension est à son comble ce jour-là jusqu'à 1 heure du matin. À 2 heures du matin, personne n'osant réveiller Roosevelt, une lettre de la Fed est glissée sous la porte de sa chambre à la Maison Blanche, demandant au président de fermer le système bancaire. Au milieu de la nuit, un groupe de banquiers se présentent au domicile de Herbert Lehman, gouverneur de l'État de New York, lui demandant de fermer les banques. Il accepte.

Le jour de l'intronisation de Roosevelt au Capitole, le système bancaire américain est en état de choc. Le lendemain, Roosevelt ferme toutes les banques américaines. Le 9 mars, le nouveau secrétaire d'État au Trésor, William Woodin, fait voter le *Emergency Banking Act*, qui donne le pouvoir à la Fed de sauver le système bancaire. Dans sa première « causerie au coin du feu »,

Roosevelt explique le problème bancaire au peuple américain. Le 13 mars, les banques rouvrent leurs portes et la confiance revient, comme par miracle !

Roosevelt a une manière « insouciante » de régler les problèmes et refuse de se laisser engluer dans les détails. Contre l'avis forcené de tous ses conseillers, il dévalue le dollar de 50 % (de sa valeur or) en avril 1933. Tout le monde – les banquiers, la France, l'Angleterre – est horrifié. Le 16 juin 1933, Franklin Roosevelt signe le *Glass-Steagall Act,* séparant radicalement l'activité de banque de dépôts *(commercial bank)* de celle de banque d'affaires *(investment bank).* Le but de la mesure ? Que les banques d'affaires ne se servent pas des dépôts des clients pour spéculer. Le *Glass-Steagall Act* va offrir au système financier américain et mondial un demi-siècle de stabilité.

Chaque établissement est sommé de choisir. La banque la plus touchée par le *Glass-Steagall Act* est Morgan, car c'est elle qui combine au plus haut point les deux activités. Elle ne retrouvera jamais la même puissance. C'est donc bien une punition, mais qui finalement protégera les banques d'affaires de la pression concurrentielle des banques commerciales, généralement bien plus grosses qu'elles. Et c'est pourquoi, dans la salle du conseil d'administration de Goldman Sachs, trône le portrait de deux messieurs barbus : MM. Glass et Steagall ! Quant à la Banque Morgan, elle doit se scinder en deux, donnant naissance à J.P. Morgan & Co. (banque de dépôts) et à Morgan Stanley (banque d'affaires). On entre dans une nouvelle ère.

Alors que les délégués internationaux à la *World Economic Conference* de Londres de juin 1933 (ancêtre du G20 de 2009) sont consternés par la dévaluation du dollar, Keynes applaudit : « Le président Roosevelt a magnifiquement raison. » Et en octobre 1933, au grand dam de tous les banquiers et économistes, Roosevelt décide de dévaluer à nouveau le dollar. Puis, en janvier 1934, Roosevelt le stabilise à 35 dollars l'once d'or.

Le résultat de ces dévaluations est un succès spectaculaire et sauve les États-Unis de la mortelle déflation : seul contre tous les experts, Roosevelt a eu raison. Durant son premier mandat, le PIB augmente de 40 %. La sortie du Gold Standard (1931 pour l'Angleterre, 1933 pour les États-Unis) marque le début de la fin de la grande crise (la France n'en sort qu'en 1936). Quant à Schacht, le plus brillant banquier central de sa génération, il est maintenu à sa place par Hitler à son arrivée au pouvoir et devient ministre des Finances en 1933. Keynésien avant l'heure, il est l'architecte du miracle économique allemand. Mais, toujours plus critique à l'égard de Hitler et de sa clique, il sera congédié en 1937.

Keynes publie son chef-d'œuvre, *Théorie générale de l'emploi, de l'intérêt et de la monnaie,* en février 1936. Il continue ses spéculations personnelles. Il a perdu 80 % de sa fortune en 1929. Mais il change sa tactique, investissant à long terme sur une sélection de valeurs anglaises et américaines. En 1936, il « vaut » 2,5 millions de dollars (30 millions actuels). En 1941, il est anobli et devient lord Keynes of Tilton. Il développe ses idées concernant le système d'après-guerre un Gold Standard assoupli et une banque centrale mondiale.

Avec l'aide de son ami Harry Dexter White, du Trésor américain, il met en place son système qui sera adopté en juin 1944 à la conférence de Bretton Woods. Ainsi naît le Fonds monétaire international, dont White sera le premier directeur exécutif. À la fin de la conférence de Bretton Woods, Keynes prononce un discours devant les sept cent cinquante délégués et termine ainsi : « La fraternité humaine doit devenir plus qu'une phrase. » Alors qu'il quitte la salle, les délégués se lèvent et chantent : *« For he's a jolly good fellow. »* Riche et comblé d'honneurs, Keynes meurt en 1946, à soixante et un ans. « Les économistes sont les dépositaires, non de la civilisation, mais de la possibilité de civilisation », avait-il dit un jour.

9

Des gentlemen aux voyous

La fin de la Seconde Guerre mondiale va consacrer l'hyperpuissance des États-Unis. Le PIB mondial avait mis cinquante ans à doubler, entre 1900 et 1950. De 1950 à 1970, il va tripler : de 5 400 à 16 000 milliards de dollars (en dollars constants). Les États-Unis à eux seuls représentent constamment 27 % de ce total, et jusqu'à aujourd'hui, mais d'un total qui croît à vive allure. La production de voitures y passe de 10 à 24 millions entre 1949 et 1957. General Motors génère à lui seul 3 % du PIB américain en 1955, et son président, Alfred Sloan, dicte sa loi au gouvernement : « Ce qui est bon pour General Motors est bon pour l'Amérique », comme il le répète. Les cinq cents premières sociétés américaines fabriquent le quart de la production industrielle mondiale. Coca-Cola, Ford, IBM, General Motors, le ketchup Heinz dominent le monde.

Les entreprises dominantes profitent d'un marché en pleine expansion. Les banques gèrent la croissance en bons pères de famille, sans frénésie particulière, en tout cas sans crise notable pendant trente ans. Après la crise de 1929 et le *Glass-Steagall Act* de 1933, Wall

Street, pour une fois, est sous contrôle, presque en hibernation pour de nombreuses années.

Mais sous cette surface d'apparence tranquille, le Stock Exchange bouillonne. Les années soixante voient l'émergence des conglomérats, assemblages de sociétés de bric et de broc, sans véritable métier commun, se regroupant pour optimiser leur valeur boursière.

La logique de leur construction repose sur un nouveau critère : le revenu par rapport au prix de l'action (*price earning ratio* : PER). Plus ce ratio est élevé, plus le montage est intéressant. Ainsi, en faisant l'acquisition de sociétés au PER plus élevé que le leur, les conglomérats peuvent en permanence améliorer leur performance apparente. La mode des conglomérats devient le nec plus ultra du management. Entre 1966 et 1969, on voit ainsi se constituer Litton (calculateurs, machines à écrire, caisses enregistreuses, alimentation, armement naval, systèmes de radars, etc.), Textron (textile, montures de lunettes, argenterie, hélicoptères, cartes de golf...), Ling Electronics, Rapid-American, Gulf and Western (qui acquiert Paramount Pictures en 1966), ITT... Tous ces conglomérats, dont la logique est fondée sur une croissance ininterrompue et un peu de gymnastique comptable, ont été créés par des aventuriers souvent géniaux. La logique de ces conglomérats, parfois gigantesques, ne tardera pas à révéler sa vraie nature sans queue ni tête, mais elle anime le marché financier des années soixante, c'est le moins que l'on puisse dire.

L'autre grand acteur qui émerge à Wall Street dans les années soixante est la cascade des *mutual funds*, qui permettent à des petits investisseurs de se diversifier au sein d'ensembles de taille critique. Les héros du jour deviennent les gestionnaires de fonds, les *asset managers.* C'est pendant cette décennie des années soixante que Wall Street cesse d'être un club fermé où n'intervenaient que des professionnels (scrupuleux ou non !) et une clientèle très restreinte pour s'ouvrir à un vaste public, précisément grâce à ces *mutual funds.* Wall Street va s'en trouver transformé.

Le premier grand *mutual fund,* Fidelity Investments, est créé à Boston par Edward Johnson. C'est un immense succès et Johnson devient un mythe. Sphinx redouté, il lance à ses subordonnés, en guise d'approbation lorsqu'il donne son accord pour une transaction ou une nouvelle stratégie : « Voilà ta corde. Et maintenant, va te pendre avec. » Il a recruté le légendaire Gerald Tsai, le plus grand *asset manager* qu'on ait jamais vu à Wall Street. Pour motiver un acheteur, il suffit de dire : « Gerald Tsai achète », et tout le monde suit.

La rencontre de ces conglomérats et des *mutual funds* est à l'origine de ce que le journaliste John Brooks appelle les *go-go years,* où scandales et manipulations se succèdent à un rythme soutenu, sous la « surveillance » du prétendu gendarme de la Bourse, la SEC, qui se révèle en dessous de tout. Évidemment, après les excès, vient le krach : le 22 avril 1971 éclate une véritable panique à Wall Street. En quelques mois, le Dow Jones perd 36 % par rapport à son niveau le plus élevé de 1969. Les observateurs notent qu'en 1929, 3 millions d'Américains seulement possédaient des actions, contre 31 millions en 1970. On a donc changé d'échelle. Mais on évite un nouveau 1929 et l'économie américaine, après une courte récession, reprend sa croissance habituelle.

Le système se met à changer rapidement à l'orée des années soixante-dix, marquées par le début de la grande vague des fusions-acquisitions (*Mergers & Acquisitions* : M&A) qui vont radicalement transformer l'industrie américaine. Les grandes firmes se restructurent, mais à une condition : que les fusions ou acquisitions soient réalisées d'un commun accord. En d'autres termes, pas d'offres publiques d'achats hostiles, peu recommandées dans le monde feutré de l'establishment industriel et financier américain, qui reste fort policé. Et c'est avec beaucoup de prudence que les grandes banques d'investissement s'aventurent dans cette nouvelle activité de M&A, de peur d'offenser leurs clients.

Les grandes entreprises américaines (IBM, General Motors, Ford, American Express, Xerox...) sont gérées sur le modèle militaire des années cinquante comme de gigantesques bureaucraties. Les grandes business schools fournissent les bataillons de gestionnaires professionnels diplômés – ce qui est symptomatique – d'un master of business administration (MBA), et non pas d'un master of management. Pour arriver au sommet où très généralement on se coopte, mieux vaut être blanc, anglo-saxon et protestant (WASP), mâle bien sûr, sorti d'une bonne famille ayant pignon sur rue, et avoir fréquenté une grande université de l'Ivy League[1] de la côte Est : Harvard, Princeton, Yale, Columbia...

1. Ou Ligue du lierre ; regroupe huit universités dont la plupart des bâtiments sont recouverts de lierre ; outre les quatre citées, la ligue compte Pennsylvania, Brown, Dartmouth et Cornell.

Le même modèle est-il en vigueur à Wall Street ? Le cas de Morgan Stanley est édifiant. Cette grande banque d'affaires issue de la séparation, en 1933, de Morgan en deux entités est, dans les années cinquante et soixante, une structure microscopique : une vingtaine de *partners*, une centaine d'employés, 3 millions de dollars seulement de capital, mais déjà une énorme influence.

Le snobisme de l'establishment n'a pas de limites. Un jour – événement tout à fait inhabituel –, le régulateur de la Bourse rend visite à Morgan Stanley dans ses bureaux. L'inspecteur de la SEC, Fred Moss, est reçu par Perry Hall, un *partner* collet monté, que l'idée de rencontrer un fonctionnaire lambda de la commission ennuie profondément. Il attaque donc sans aménité. Le dialogue est le suivant :

Perry Hall : Mon nom est Perry Hall, *partner*, Morgan Stanley, Princeton.

Fred Moss : Mon nom est Fred Moss, SEC, Brooklyn College. Auparavant, mon nom était Moscowitz, mais j'en ai changé !

À l'époque règnent sur Wall Street ceux qu'on surnomme dans les années soixante les *Bulge Bracket firms* (les gros bonnets). Il y en a quatre : Morgan Stanley, bien sûr, First Boston, Kuhn Loeb et Dillon Read. Appartenir au *Bulge Bracket* est très important. En effet, après chaque transaction, les banques d'investissements publient ce qu'on appelle (encore de nos jours) un *tombstone* (une pierre tombale). Ces *tombstones* décrivent la transaction et le rôle de chaque banque. La position de chaque banque sur le *tombstone* (gauche ou droite en particulier) est très codifiée, et chaque banque reçoit une part de commission en fonction de sa position. Morgan Stanley se réserve généralement la meilleure part.

Dans les années soixante-dix, de sérieux changements commencent à apparaître. Les *Bulge Brackets* ont des fortunes diverses. En 1977, Kuhn Loeb, en difficulté, est racheté par Lehman Brothers. First Boston commence à perdre pied et doit se résoudre à s'associer, en 1978, avec Crédit Suisse pour former Credit Suisse First Boston. Des vedettes telles que Joseph Perella ou Bruce Wasserstein rejoignent la firme et développent les fusions-acquisitions, puis les activités de marchés (trading). Morgan Stanley, toujours leader, en vient à remanier la *short list* : Kuhn Loeb et Dillon Read sont éliminés et remplacés par Merrill Lynch, Salomon Brothers et Goldman Sachs. Changement majeur !

La banque qui surgit dans le club a été créée en 1914 par Charles E. Merrill, que Edmond C. Lynch rejoint très vite. C'est une firme plébéienne et une nouvelle venue. Mais Merrill Lynch emploie déjà quarante-cinq mille personnes à la fin des années soixante-dix, car sa force est son gigantesque réseau de distribution de détail. Son entrée dans le club très fermé des *Bulge Brackets* marque l'importance nouvelle de la fonction de distribution, qui coïncide avec la démocratisation de la clientèle de Wall Street. Quant à Salomon Brothers, créé en 1913, c'est une maison juive, mais sans aucun prestige social. Dès le départ, Salomon se concentre sur les activités de marchés financiers (trading), en particulier d'obligations d'État, puis réussit dans les années soixante-dix à se glisser dans la chasse gardée du financement des grandes entreprises *(underwriting)* au point d'en devenir le leader mondial dans les années quatre-vingt.

L'establishment WASP de Wall Street perd donc, un peu, de sa superbe. En 1979, IBM, une des plus formidables sociétés de l'époque, veut émettre le plus gros emprunt industriel de l'histoire : un milliard de dollars. Cette transaction revient « de droit » à Morgan Stanley. Mais IBM, compte tenu de la taille inhabituelle de la transaction, commet un acte de lèse-majesté : IBM veut que la transaction soit exécutée à égalité par Morgan Stanley et Salomon. Coup de tonnerre ! Après moult consultations, Morgan Stanley défie IBM : cette transaction sera exécutée par Morgan Stanley SEUL, ou bien la banque n'y participera pas. IBM refuse de plier, et finalement, c'est Salomon seul qui se chargera – avec succès – de l'opération. Le marché, fasciné, évalue la situation. Salomon réussit, le roi Morgan Stanley est cette fois vraiment nu !

Les autres banques d'affaires vont alors commencer à violer une règle de base du « code de bonne conduite » selon laquelle, entre gentlemen, on ne se vole pas de clients : peu à peu, le fonds de commerce de Morgan Stanley est pillé. Pour punir IBM, Morgan Stanley introduit Apple Computer en Bourse et remplace ses ordinateurs de bureau IBM par des Hitachi. Mais tout cela est bien dérisoire : Wall Street a cessé d'être un club civilisé de gentlemen pour devenir une foire d'empoigne.

Avec l'arrivée de Ronald Reagan à la Maison Blanche, on change les règles. En 1982, le régulateur de la Bourse de New York émet la « règle 415 », qui est une révolution. Jusqu'alors, chaque émission d'actions ou d'obligations devait faire l'objet d'une déclaration spécifique à la SEC. De facto, le client et la banque d'investissement faisaient cette déclaration ensemble et il n'y avait aucune compétition. Mais la « règle 415 » permet à une société de déclarer d'un coup toutes les transactions prévues pour les douze mois suivants. Résultat : les sociétés mettent les banques d'affaires en compétition pour leurs transactions longtemps à l'avance, ce qui était impensable auparavant. Les commissions perçues par les banques pour leurs transactions s'effondrent. Il faut d'urgence trouver d'autres sources de revenus : ce sera le trading.

Wall Street recommence à être le lieu de tous les possibles, à court terme pour le meilleur, et plus sûrement pour le pire.

10

Le bal des prédateurs

En 1971, pour la première fois au XXe siècle, les États-Unis enregistrent un déficit commercial avec le reste du monde. Le coût de la guerre du Vietnam et les dépenses publiques en augmentation constante en sont les causes. La planche à billets fonctionne à plein, de telle sorte que la couverture en or du papier-monnaie se réduit de 33 %. En 1971, le gouvernement américain imprime des dollars, qui augmentent la masse monétaire de 10 %.

L'économie mondiale est très agitée. Wall Street l'est tout autant. Après les *go-go years* des années soixante éclate une panique de plus à Wall Street : le krach du 22 avril 1971. En quelques mois, l'indice Dow Jones perd 36 % de sa valeur. Dans ce contexte troublé, la France demande de façon pressante aux États-Unis le remboursement de ses dollars en or, ce qui réduit plus encore les réserves américaines. Le 15 août 1971, le président Nixon suspend la convertibilité du dollar en or. C'est la fin du monde des changes fixes : une révolution monétaire.

C'est au milieu de ce maelström que se produit à Wall Street un bien improbable mariage. D'un côté, il y a Burnham & Co., modeste banque juive orientée vers la distribution d'actions et d'obligations au grand public. De l'autre Drexel, estimable banque d'affaires WASP tournée vers le financement d'entreprises, mais un peu somnolente. Goldman Sachs et Morgan Stanley, qui dominent le marché, sont interrogés sur l'opportunité de cette fusion et donnent leur bénédiction. Ainsi naît la très curieuse, bien qu'encore obscure, banque Drexel Burnham.

C'est un certain Michael Milken qui va faire sortir Drexel Burnham de l'ombre et projeter la firme sur le devant de la scène. Michael Milken est un employé, un trader d'obligations, mais il a lu les œuvres d'un universitaire, un certain W. Braddock Hickman. Celui-ci a étudié le marché obligataire de 1900 à 1943 et est parvenu à une conclusion extraordinaire : les entreprises américaines qui ne peuvent avoir de notes (ratings) des grandes agences de notation, parce que trop petites ou pas assez solides, et qui émettent des obligations dites *high yield bonds,* ou junk bonds (obligations pourries), payent bien plus d'intérêts que les autres, mais remboursent tout aussi bien leurs dettes ! On peut donc investir dans des obligations *high yield* et gagner plus, sans risque supplémentaire.

Or aucune banque d'investissement ne s'intéresse au *high yield.* Michael Milken flaire l'affaire du siècle. Drexel Burnham va devenir le spécialiste du *high yield.* Et c'est ainsi que, en quelques années, Drexel Burnham en viendra à dominer totalement le marché. Cette remarquable intuition coïncide avec le décollage de la mode des grands rachats d'entreprises. Tout y concourt au milieu des années soixante-dix : fin de la guerre du Vietnam, inflation inquiétante après le premier choc pétrolier, ratios *price/earnings* très bas dans une économie en pleine déprime, bénéfice fiscal de l'endettement, car on peut déduire les intérêts de la base imposable, etc. Tout cela contribue à favoriser les acquisitions et à les faire financer par de la dette. Le contexte idéologique a aussi changé vers un libéralisme plus débridé, avec l'arrivée de Margaret Thatcher en 1979 comme Premier ministre britannique et de Ronald Reagan, début 1981, à la présidence des États-Unis.

La mode des rachats d'entreprises commence en douceur entre gens de bonne compagnie. En 1981, Du Pont acquiert Conoco (neuvième société pétrolière américaine) pour 7,8 milliards de dollars, transaction énorme pour l'époque. Mais il n'échappe pas à certains que, dans ce processus, le cours de l'action Conoco est passé en trois mois de 65 dollars à 98 dollars. Les arbitragistes, tel le flamboyant Ivan Boesky, l'homme qui se déplace en Rolls Royce rose, qui jusque-là tirent profit des petites différences de prix d'un marché à l'autre, se mettent de la partie. Le festin est prometteur : si l'on peut deviner à l'avance quelle société va être la prochaine cible, on peut gagner beaucoup d'argent à toute allure. Mais gare à l'information privilégiée, le « délit d'initié », qui tombe sous le coup de la loi.

C'est alors qu'apparaît une nouvelle profession : les *raiders*. T. Boone Pickens, Carl Icahn, Ronald Perelman, sir Jimmy Goldsmith (un protégé de Margaret Thatcher), Rupert Murdoch et d'autres rêvent d'acheter une entreprise avec de l'argent emprunté, puis de la revendre par appartements en faisant un énorme profit, avec souvent, à l'arrivée, une réelle casse sociale.

Pendant ce temps-là, les banques d'investissement américaines, voyant le marché se développer, ont peu à peu surmonté leurs réticences et commencent à déployer leurs départements de fusions-acquisitions d'entreprises. C'est le cas chez Goldman Sachs, Morgan Stanley, Lehman Brothers, Lazard, mais toujours à une condition impérative : pas d'offres publiques d'achats hostiles.

Drexel Burnham est encore à l'écart de ce mouvement, en raison de sa réputation sulfureuse. L'envie ne lui manque pourtant pas d'y jouer un grand rôle. La possibilité de recruter une vedette paraît bien mince : pas une diva ne viendrait chez Drexel Burnham. Comment faire ?

Il se trouve que, depuis 1971, Drexel Burnham organise chaque année en Californie un séminaire sur les obligations risquées *(high yield conference)* qui attire lamentablement une cinquantaine de clients. Mais dix ans plus tard, avec la participation des arbitragistes et des raiders, le succès des *high yield conferences* vient. C'est alors que Drexel Burnham et Michael Milken font un coup de génie. En 1984, à son séminaire annuel, en présence de plus de deux mille personnes, animé par Frank Sinatra et Diana Ross, Drexel Burnham lance cette bombe : à partir de maintenant, Drexel Burnham financera les OPA hostiles avec des obligations pourries. C'est un triomphe. À partir de ce jour, les *high yield conferences* vont ressembler à un bal des prédateurs !

C'est alors que sont inventés les LBO *(leverage buy out)*, littéralement « rachats à effet de levier ». Le LBO consiste à racheter une société en utilisant les profits générés par la cible elle-même afin de rembourser la dette destinée à l'acquérir ! Il faut donc restructurer la cible après l'avoir rachetée : vendre ce qui peut être vendu, économiser sou par sou, licencier... Mais la marge de manœuvre est faible et l'acquéreur prend de gros risques. Très vite, certains financiers se spécialisent dans cette mécanique de LBO. Les plus connus sont Kohlberg, Kravis & Robert (KKR) dont le coup d'éclat est le rachat hostile de Nabisco en 1988 pour 25 milliards de dollars. De fait, les obligations pourries sont l'instrument idéal pour financer les LBO : elles ont la liquidité, le volume, le profil de risque. La combinaison est parfaite.

Au début, les banquiers classiques sont scandalisés par ces actes de piratage. Mais le succès est tel qu'ils finissent par intégrer ce marché. Le financement des LBO devient une activité bancaire honorable. Fin 2008, les banques de Wall Street porteront dans leurs livres 1 000 milliards de dollars de LBO, dont au moins 300 milliards de créances plus que douteuses. Après tout, le déclencheur de la crise de 2007-2008 aurait pu tout aussi bien être les LBO que les subprimes !

Au milieu des années quatre-vingt, Michael Milken est devenu une légende vivante, et les bals annuels des prédateurs d'immenses succès. Drexel Burnham a maintenant les moyens de se lancer dans de vastes opérations de lobbying à Washington, achetant des politiciens de tous bords. De plus, pour sauver la réputation de cette industrie naissante, toute « obligation pourrie » menaçant défaut est restructurée ou « repackagée », repoussant ainsi les délicats remboursements aux calendes grecques. C'est pourquoi, en 1986, la banque est devenue une énorme machine à profits et, enfin, un véritable rival pour Morgan Stanley ou Goldman Sachs.

Tout ceci serait déjà extraordinaire si une nouvelle coïncidence ne venait favoriser encore plus les obligations pourries et faire chauffer la machine. On a vu que, du côté des émetteurs, se développent des flux considérables liés au financement des LBO. Mais qui va acheter ce « papier » ? C'est alors que d'improbables quoique opportuns acheteurs apparaissent : les *Savings and Loans.*

Après la crise de 1929, les caisses d'épargne américaines se sont retrouvées en quasi-faillite et ont été réformées en profondeur. En effet, après cette réforme, elles ne peuvent plus accorder que des crédits hypothécaires, et dans une zone géographique limitée. Elles prennent donc les dépôts à court terme du public et les transforment en crédits hypothécaires à long terme. Comme les banques de dépôts traditionnelles ne peuvent rémunérer les dépôts à vue, la compétition pour la rémunération des dépôts placés dans les caisses d'épargne est nulle.

Mais, dans les années quatre-vingt, deux phénomènes se produisent. Tout d'abord, la déréglementation de la rémunération des dépôts à vue permet à d'autres acteurs de concurrencer les caisses d'épargne, faisant ainsi monter le coût de leurs ressources. Ensuite, l'inflation et les taux d'intérêt atteignent 15 % par an. Mais les caisses d'épargne ont dans leurs livres des crédits anciens à des taux inférieurs, lesquels sont devenus lourdement perdants. Elles se trouvent donc prises en sandwich. C'est alors que le législateur intervient en permettant aux caisses d'épargne de sortir de leur activité hypothécaire traditionnelle. Sans expérience et sans compétences, les caisses d'épargne se mettent à faire de très grosses bêtises : elles se lancent dans des investissements immobiliers hasardeux et dans les obligations pourries. Et elles deviennent les clients privilégiés de Michael Milken.

Tous ces excès ne peuvent que se terminer mal. Les caisses d'épargne se retrouvent dans une spirale d'épouvantables faillites en cascade, qui coûtent 220 milliards de dollars au contribuable américain, appelé à la rescousse en 1989 parce que « la main invisible du marché » a ses limites et que, dans les mauvais moments, elle appelle à l'aide l'État fédéral. En même temps, il apparaît que Michael Milken fait partie d'un réseau d'initiés. Milken est arrêté en 1989 et lesté de quatre-vingt-dix-huit chefs d'accusation. Le 13 février 1990, Drexel Burnham, dont Milken était la vedette, est à son tour inquiété et doit mettre la clé sous la porte.

Milken, déclare le patron de l'agence de régulation des banques, « a coûté plus cher à l'État que quiconque ayant participé à la débacle des caisses d'épargne ». Milken est-il un monstre après avoir été un génie ? Il a fait exploser le système traditionnel de Wall Street et les arrangements entre amis pour faire fructifier les grands groupes américains. Il a innové, en ce sens qu'il a décapé brutalement le système ancien qui, sans doute, en avait besoin. Chien dans le jeu de quilles de l'establishment, ce dernier est soulagé de s'en débarrasser.

Michael Milken va négocier un accord avec la justice en plaidant coupable. Il paiera 600 millions de dollars d'amendes diverses, plus 1,3 milliard aux créanciers, et écope de dix ans de prison (Ivan Boesky ne prendra que trois ans). Mais Milken ne purge finalement que deux ans de pénitencier. Puis il entreprend de donner d'avisés conseils joliment tarifés aux clients du cabinet qu'il crée, par une ironie récurrente et involontaire des dirigeants d'entreprise faillis qui font tous la même chose : se relancer en exploitant leurs carnets d'adresses. Milken se donne aujourd'hui une image de philanthrope au service de nobles causes comme l'éducation, le cancer ou le microcrédit. Il n'est pas à la rue : sa fortune actuelle est estimée à 2,6 milliards de dollars. Son sourire est toujours aussi carnassier. Seule contrariété : il reste interdit d'activité boursière. On a vu pire sanction.

La suite montrera que la créativité des junk bonds était en fait un galop d'essai de la finance moderne, un premier balbutiement des « produits dérivés » et autre « finance structurée ». Et c'est pour cela que, malgré son agressivité et sa cupidité, Milken n'a finalement pas endossé un rôle de vilain dans la mémoire de Wall Street.

11

Lehman dans la tempête

Une banque, dans ce contexte agité, va faire la une de la chronique de Wall Street. Il s'agit de Lehman Brothers. Robert Lehman, son tout-puissant et talentueux patron, meurt en 1969. Le conseil d'administration est désemparé par la disparition de l'héritier historique et désigne un successeur falot qui ne tarde pas à sombrer dans l'alcoolisme. On le remplace par une forte personnalité, Frederick Ehrman, qui entreprend de s'imposer par la terreur. Cela ne marche pas non plus, dans une maison réputée pour être un repaire de divas individualistes. Les affaires s'effondrent, et Lehman se met à perdre de l'argent au rythme de 9 millions de dollars par mois, chiffre considérable pour l'époque. Est-ce la fin de Lehman Brothers ? Lehman est encore à l'époque un *partnership* d'associés cooptés, égaux entre eux. Les principaux associés se réunissent en secret en juin 1973 au domicile de l'un d'entre eux.

Les comploteurs débarquent Frederick Ehrman et vont chercher quelqu'un à l'extérieur pour le porter à la présidence : Pete Peterson. Choix très intéressant, car Pete Peterson est de la race des dirigeants posés, prudents, méthodiques. Il a été, entre autres, ministre du Commerce du président Nixon et a un immense carnet d'adresses. Son expérience du pouvoir et du management rigoureux, ses qualités d'écoute, sa stature d'homme d'État lui permettent de réussir une restructuration de fond sans drames. Il réduit les coûts, renouvelle les équipes, amène de nouveaux clients, restaure la confiance des marchés. En deux ans, il sauve la maison. Dès 1975, Lehman Brothers est de nouveau au pinacle.

Mais une vaste mutation est en marche. Le monde de la banque change. Jusque-là, la banque d'affaires était une noble activité. Une grande entreprise ou un personnage fortuné avait un banquier d'affaires comme on avait un médecin de famille. Au milieu des années soixante-dix, tout cela est désormais vieux jeu. Les produits bancaires deviennent plus sophistiqués. Les entreprises recrutent des trésoriers compétents, qui peuvent parler d'égal à égal avec les banquiers d'affaires. Les banques se mettent également à faire des affaires pour elles-mêmes – et non plus seulement pour leurs clients – dont elles commencent à tirer des profits substantiels. C'est ce qu'on appellera le « trading pour compte propre ». Les rois de la spéculation triomphent. Le banquier traditionnel réservé et prudent s'efface dans la naphtaline des clubs.

L'homme qui monte chez Lehman s'appelle Lew Glucksman. Juif d'origine hongroise, c'est un self-made man. Glucksman est un formidable trader, brutal, impitoyable. Il ne prête aucune attention à son apparence vestimentaire et se moque des clients. Il pense que l'aspect relationnel ne compte pas, seul compte le profit.

Ses troupes le vénèrent, les « banquiers » le détestent. Les années 1975-1983 sont une longue guerre civile entre le patricien Peterson et l'agressif Glucksman. Les associés, terrorisés, sont sommés de choisir leur camp. L'ambiance chez Lehman devient de plus en plus violente et perverse. Seulement voilà ! Glucksman fait de plus en plus d'argent : 18 millions de dollars en 1975, 128 millions en 1983. On ne peut plus le snober : il génère 60 % des revenus de la firme ! Ses insultes sont incessantes, surtout en fin d'année, à l'occasion de l'attribution des bonus : « Vous, les gars, vous avez plus que ce que vous méritez », a-t-il coutume de dire aux associés de la firme.

La tension ne fait que monter. Une bronca saisit les traders : ils génèrent 60 % des profits et ne reçoivent que 30 % des bonus, se plaignent-ils. Ce sont eux, les traders, les faiseurs de deals, qui fabriquent les vrais bénéfices. Alors, au diable les banquiers traditionnels avec leurs clients besogneux ! De leur côté, les banquiers considèrent qu'ils génèrent moins de revenus, certes, mais sous une forme plus pérenne qui ne met pas en péril la firme, tandis que les traders prennent d'énormes risques et utilisent sans vergogne le capital de la banque.

Le principal lieutenant de Glucksman est, à la tête de la salle des marchés, un certain Richard (Dick) Fuld, homme glacial, calculateur, intimidant. Il a commencé sa carrière comme pilote de chasse dans l'US Air Force, mais elle s'est interrompue brusquement lorsqu'il a cassé la figure de son colonel ! Il a alors rejoint Lehman en 1969 et y a brillé depuis lors dans le trading.

En 1983, Peterson, pour tenter de circonvenir son rival Glucksman, le nomme coprésident. Mais, contre toute attente, cela ne le calme pas. Deux mois après sa nomination, il a le culot, dans une confrontation en tête à tête qui dure cinq heures, de demander à Peterson de s'en aller ! Le président est anéanti : il a sauvé Lehman du désastre et ne veut pas voir sa maison se consumer dans une guerre fratricide. La mort dans l'âme, il accepte de partir. Les banquiers s'exclament : « Attila le Hun est arrivé ! » Non seulement Glucksman se révélera un exécrable président, conflictuel, imprévisible, irascible, mais, en perdant Pete Peterson, Lehman perd son véritable banquier d'affaires et son homme d'État.

Le contexte économique est morose en ce début des années quatre-vingt où Ronald Reagan entame son premier mandat de président. Le second choc pétrolier a fait dramatiquement augmenter le prix du pétrole. Les États-Unis ne parviennent pas à se dépêtrer d'une inflation inquiétante, qui atteint 14 % en 1983. La mondialisation commence à accélérer la désindustrialisation du pays au profit d'autres concurrents, le chômage est préoccupant. À Wall Street, la situation des firmes se dégrade. Toutes se mettent à perdre de l'argent. Les activités de trading commencent à tanguer dangereusement, et chez Lehman – dont elles sont le fleuron – plus qu'ailleurs. En novembre 1983, Lehman se retrouve coincé et subit d'énormes pertes sur ses transactions.

Lehman a-t-il la taille suffisante pour résister ? Dans la situation où se trouve la firme, faut-il la vendre ? Le président n'est pas très chaud : dans cette perspective, il risque fort de perdre son poste. En revanche, un autre associé, Peter Solomon, l'homme qui porte toujours des chemises d'un rose agressif, dirigeant détesté mais incontournable de Lehman, est pour. Comme toujours, la firme est divisée. Finalement, la situation ne cessant de se détériorer, le conseil d'administration prend sa décision : Lehman Brothers, qui avait surmonté tant de crises, y compris la guerre civile américaine, la vénérable et honorable institution, sera vendue !

Kenneth Lipper, ancien associé de la maison, décrit les états d'âme du président Glucksman après le vote fatidique du conseil d'administration : « Voilà un homme qui avait cravaché pour aller à l'université. Pendant trente ans, il s'était lancé dans une quête et il pensait que, finalement, lorsqu'il ouvrirait la porte, le soleil l'inonderait. Mais quand il atteignit son but et ouvrit la porte, il ne vit que des ténèbres. Aucune société prestigieuse ne l'invita à siéger à son conseil d'administration. Et il découvrit alors que l'on n'est pas admis dans le club simplement parce que l'on s'est emparé d'une entreprise par la force. »

Dick Fuld organise alors un petit déjeuner avec Peter Cohen, président de Shearson, filiale d'American Express. À l'issue du petit déjeuner, American Express convient d'acheter Lehman pour 360 millions de dollars. C'est l'opportunité unique pour American Express de mettre un pied dans le monde prestigieux de la banque d'affaires sophistiquée. Glucksman doit quitter la présidence du groupe, mais un homme reste : le rugueux Dick, l'irremplaçable *money maker*.

Dix ans après son acquisition, American Express décide de se débarrasser de Lehman, laquelle sort du giron de sa maison mère et entre en Bourse. C'est une incroyable résurrection. Lehman Brothers revient du monde des morts. Et qui en devient président ? Dick Fuld, bien sûr ! Et avec quel succès : les profits de Lehman, de 113 millions de dollars en 1994, atteignent 4.2 milliards en 2007 et, durant cette période, le prix de l'action est multiplié par vingt ! Et quoi de plus normal que de le payer grassement : de 2000 à 2007, il encaisse 500 millions de dollars pour sa cassette personnelle ! Dick Fuld, c'est le triomphe absolu du trader.

Jusqu'à sa chute finale, qui se déroulera à peu de chose près selon le même scénario qu'en 1984, mais de façon fatale cette fois, en septembre 2008.

12

La « main invisible du marché »

L'acte de naissance de la finance moderne a été proclamé le 27 octobre 1986. Ce jour-là, la place de Londres, qui rêve de rattraper Wall Street, déclenche son « big bang ». Le terme vient de l'extrême rapidité avec laquelle sont mises en place les réformes voulues par le Premier ministre de l'époque, l'ultralibérale Margaret Thatcher. En une seule journée, on supprime d'un trait de plume la tenue d'un marché d'actions physique à la Bourse, au profit de transactions électroniques éparpillées entre des ordinateurs. Mais ce big bang n'est pas seulement technique. Il est en réalité le sommet d'un iceberg.

Car cette révolution d'un jour coïncide avec la montée inéluctable de la mondialisation. Pour la première fois, le monde est devenu un village, grâce à l'évolution inouïe des transports, des communications, de l'informatique, et à un abaissement massif des coûts de transactions internationaux comme les droits de douane, les voyages aériens ou les télécommunications. Un peu plus tard, on en arrivera à ce basculement sans précédent : les pays émergents, pétroliers ou asiatiques, assis sur une masse considérable d'épargne accumulée, se mettront à financer les pays riches déficitaires et dévoreurs de capitaux. La mondialisation géographique et informatique abolit les clivages entre les acteurs de l'économie et de la finance, entre les pays développés et les pays émergents. Elle redistribue toutes les cartes.

Depuis quelques années déjà, les marchés financiers s'étaient décloisonnés de manière subreptice. Dès 1974, les États-Unis avaient réformé à coups de hache leurs systèmes de retraite avec la loi Erisa *(Employee Retirement Income Security Act)* et donné le primat à la retraite par capitalisation, placée sur les marchés boursiers mondiaux. Le centre de gravité de la finance s'était donc déplacé des banques vers les Bourses. Au début des années quatre-vingt, les grandes entreprises s'étaient mises à faire appel directement aux marchés financiers sans passer par leurs banquiers habituels. Ces derniers, voyant fondre leur clientèle, s'étaient mis à accorder des crédits à de nouveaux clients plus risqués.

En mettant en concurrence tous les acteurs financiers, en démantelant les commissions fixes sur les transactions financières, la grande déréglementation déclenchée à Londres va achever de lézarder les vieux murs de la maison. Lors du big bang, la distinction entre les agents de change exclusifs et les sociétés de placements boursiers est officiellement abolie. Les banquiers traditionnels perdent la main. Les gentlemen en chapeau melon sont remplacés par des golden boys âpres au gain.

Londres redevient alors le centre du monde financier. Mais la City est largement un faux nez de Wall Street. Car ce sont d'abord les succursales des banques d'affaires de New York qui y mènent la danse, les Salomon Brothers, Goldman Sachs, Lehman Brothers et autres Morgan Stanley. Les banques américaines ont en effet profité de l'aubaine pour fuir les contraintes tatillonnes du *Glass-Steagall Act* – en vigueur depuis 1933 –, en migrant massivement à Londres. Ce sont toujours des Blancs-anglo-saxons-protestants ou des juifs, mais importés ! Le volume des transactions financières à Londres va augmenter de 1 500 % en vingt ans. En 2006, la City traitera, par exemple, 34 % des changes en devises et 43 % des produits dérivés mondiaux. Un chiffre inouï.

Cela n'aurait pas pu se produire en dehors du monde anglo-saxon. Au-delà de triviales recherches du profit, ce monde véhicule en effet un ancien et puissant courant de pensée philosophique où l'acquisition individuelle de richesses a toujours été magnifiée. Déjà, dans *La Fable des abeilles* publiée en 1705, Bernard de Mandeville (Hollandais vivant en Angleterre) justifie l'accumulation privée des richesses et rejette les notions de vice et de vertu en économie : « Les vices des particuliers contribuent à la félicité publique, écrit-il. La prodigalité du libertin donne du travail à des tailleurs, des serviteurs, des boulangers, des charpentiers [...] le vice est aussi nécessaire dans un État florissant que la faim est nécessaire pour nous obliger à manger. »

Adam Smith, professeur de philosophie morale à Glasgow et premier grand économiste moderne, écrit dans sa fameuse *Richesse des nations*, en 1776, que « ce n'est pas de la bienveillance du boucher, du brasseur ou du boulanger qu'il faut espérer dîner, mais de leur propre intérêt », ce que d'autres appelleront « la vertu d'égoïsme ». Et d'ajouter : « La confrontation des intérêts individuels mène à la concurrence, qui amène les individus à produire ce dont la société a besoin, ce qui apporte l'harmonie sociale [...] l'individu est conduit par une main invisible à remplir une fin qui n'entre nullement dans ses intentions. » Il faut avoir présent à l'esprit, nous autres éduqués dans les sphères culturelles d'une tradition catholique qui cache l'argent, qu'en terres WASP, c'est la main de Dieu lui-même qui distingue le talent des hommes, leurs échecs ou leurs réussites, dûment chiffrées en monnaie sonnante et trébuchante, affichées au grand jour.

À toute évolution du commerce, nouveaux instruments financiers. Au Moyen Âge, on avait inventé la lettre de change, simultanément – et sans concertation possible – en Europe et dans le nord de la Chine. Un moine franciscain, Luca Paciolo da San Sepolchro, avait imaginé la comptabilité en partie double au XIIe siècle. On construisit ensuite les sociétés par actions ou les bourses de valeurs. Lors de la crise des tulipes de 1637 à Amsterdam, on créa les techniques de swaps, précurseurs des produits dérivés modernes, et ainsi de suite.

À partir du big bang de 1986, la créativité n'a plus de limites. Puisque la Bourse est devenue le centre du monde, puisque les lointains fonds de pension des retraités américains ou britanniques sont devenus les acteurs majeurs de toutes les Bourses occidentales – celle de Paris est détenue à 50 % par des fonds de pension étrangers –, le management des entreprises devient obsédé de profits rapides, selon un nouveau principe abscons appelé « la valeur pour l'actionnaire » *(shareholder's value).* On comprend bien que celui qui met de l'argent dans une entreprise en attend une rémunération légitime de ses investissements. Mais à partir des années quatre-vingt-dix, au nom de cette nouvelle mode artificielle de « la valeur pour l'actionnaire », une entreprise cotée en Bourse se doit de générer à tout prix 15 % annuels minimum de retour sur les capitaux investis, sous peine de punition. C'est une aberration lorsqu'on sait que les taux d'intérêt réels de l'époque tournent autour de 5 %. Et cela va obliger ces entreprises à une gymnastique financière ravageuse.

La dictature du court terme, pour faire toujours plus, impose la tenue de bilans trimestriels et non plus annuels. Les stratégies de long terme ne sont plus au goût du jour. Les valeurs boursières gonflent donc, sans que cela reflète nécessairement la véritable valeur intrinsèque de l'entreprise. Celle-ci se lit désormais dans les cours boursiers, qui oscillent au jour le jour au gré des marchés : il suffit de multiplier le nombre des actions de l'entreprise par la valeur boursière du moment pour obtenir leur capitalisation. Quand le cours est élevé, la capitalisation de l'entreprise flambe, mais dans le cas contraire, comme dans la crise actuelle, la capitalisation se réduit comme peau de chagrin, alors même que les fondamentaux de l'entreprise sont sains.

Une autre révolution va intervenir : les dirigeants obtiennent d'être désormais payés à partir de cette valeur boursière de l'entreprise. C'est, dans les années quatre-vingt-dix, la déferlante des fameuses stock-options, que les membres des comités exécutifs des entreprises cotées en Bourse s'accordent généreusement à eux-mêmes, en distribuant quelques miettes dans les étages inférieurs. Pour simplifier, il s'agit d'un droit d'acheter à terme (de trois à cinq ans) des actions de l'entreprise à un prix fixé en fonction des cours boursiers au moment de l'attribution. Si le cours monte, on gagne. S'il baisse, on n'exerce pas son droit et on n'a rien perdu. On a donc tout intérêt à faire mousser le cours de l'action par tous les moyens pour espérer engranger de juteux profits personnels. Malgré les grands scandales de stock-options qui défraient la chronique des années 2000 (Enron, Ahold, Tyco, ou, en France, Vinci, Eads, etc.), les stock-options sont l'alpha et l'oméga de la rémunération des dirigeants, souvent à des hauteurs stratosphériques. Bien peu y résistent et il faut, en 2008, saluer le courage à contre-courant d'un Henri de Castries chez Axa, que son éthique personnelle lui fait refuser.

Dans les années quatre-vingt-dix, le libéralisme gagne du terrain sur fond de fin de la guerre froide. Un lâche soulagement s'empare de l'Amérique, qui voit s'effondrer le Mur de Berlin en 1989, puis l'Union soviétique en 1991. Il n'y a plus, fanfaronne-t-on, d'alternative entre le système étatique communiste et le système libéral occidental. Le système capitaliste a définitivement gagné. Le marché est l'alpha et l'oméga. Francis Fukuyama peut, en 1992, proclamer dans son best-seller « la fin de l'histoire ». On va voir ce que l'on va voir !

Comme il est tout à fait contraire à l'air du temps de réglementer, on voit peu à peu fleurir un grand nombre de nouveaux acteurs financiers qui ne sont soumis ni aux régulations nationales de leur banque centrale, ni à celle des autorités des marchés financiers (comme la Security & Exchange Commission de Wall Sreet), ni même à une domiciliation claire, puisque nombre d'entre elles vont se nicher dans des paradis fiscaux. La mode est, hors de toute inspection, aux marchés de gré à gré. C'est l'avènement des fonds spéculatifs (hedge funds) et autres *private equities.*

La régulation des systèmes financiers s'affaiblit de jour en jour au cours des années quatre-vingt-dix. Le mélange des genres devient la norme. Le 6 avril 1998 se produit, avec l'assentiment tacite des autorités, la première mégafusion bancaire : Travelers et Citicorp fusionnent dans une transaction inouïe de 140 milliards de dollars, pour donner naissance à Citigroup, première banque du monde par la taille de ses actifs (700 milliards de dollars) et surtout première « banque universelle », qui fait tout à la fois des opérations de banque de dépôts et de banque d'affaires. Le *Glass-Steagall Act* – en principe toujours en vigueur – est mort de facto. De zélés républicains, MM. Gramm, Leach et Bliley, l'enterrent définitivement au Sénat, le 12 novembre 1999, avec une nouvelle loi ultralibérale qui porte leurs noms, sous le regard complaisant de Bill Clinton (président des États-Unis) et d'Alan Greenspan (président de la Fed).

Les profits du secteur financier sont si faramineux que l'on rit au nez des prêcheurs de bon sens. Avant la crise des subprimes de 2007, ces profits nets représenteront plus de 40 % des profits de toutes les entreprises recensées en Amérique ou en Grande-Bretagne. Jusque dans les années quatre-vingt, les salaires à Wall Street ou à la City étaient à peu près ceux des autres secteurs économiques. Dans les années 2000, ils sont en moyenne trois fois plus élevés, sans même parler des bonus indécents dans les étages supérieurs. La même dérive avait eu lieu quelques décennies auparavant. C'était en 1929.

13

Morgan aux avant-postes

Personne ne peut résister à la vague de recherche de profits à tout prix qui submerge Wall Street. Et puisque certains ont plus de ressources intellectuelles et managériales que d'autres, ceux-là vont rejoindre une mode qu'ils ont été tout d'abord réticents à suivre, mais qui les entraîne eux aussi. Ils ne vont pas tarder à en prendre la tête. Et l'on y retrouve un acteur incontournable depuis un siècle.

Car la banque Morgan continue de régner sur Wall Street. Jupiter (Pierpont Morgan) a sauvé l'Amérique financière en 1907. Son fils Jack (1867-1943) lui a succédé. Il est devenu lui aussi l'empereur des banquiers de la place, prototype du grand seigneur prudent et avisé, dont la ligne de conduite est, selon ses dires, de « faire des affaires de premier de la classe avec des méthodes de premier de la classe ». Après Jack Morgan, ses successeurs seront recrutés hors du nid initial de la famille. Ils feront croître et embellir la prospérité de la banque sous son nom de JP Morgan.

Vers la fin des années quatre-vingt, une nouvelle passion s'empare de Wall Street : le swap. L'explosion des échanges internationaux, et donc des besoins de couverture en devises du commerce, fait redécouvrir cette technique – inventée en 1637 – à très grande échelle sur le marché des changes.

L'usage du swap permet aux entreprises internationales, via leurs banques, de couvrir leurs risques de change, dans le contexte de l'époque de flottement généralisé des monnaies. En résumé, les banques de différents pays s'accordent une forme de prêts croisés dans leur propre devise nationale, les deux prêts étant théoriquement d'un montant équivalent et de même échéance. Petit à petit, on adapte les types de swaps à des clientèles particulières, en inventant des variations de plus en plus créatives selon les besoins. C'est le début de l'utilisation de plus en plus systématique des fameux produits dérivés, qui vont avoir un bel avenir.

Le premier swap de taux d'intérêt en plusieurs devises à recevoir une vaste publicité est une opération arrangée en 1981 par Salomon Brothers entre IBM et la Banque mondiale. Peu après, les banques d'affaires commencent à brasser des swaps pour leurs clients comme pour leur propre compte. Ce marché croît de manière exponentielle, au point de supplanter l'énorme marché « traditionnel » des obligations d'État.

Chez Morgan, l'homme-orchestre des swaps est le jeune et brillant Peter Hancock. Il propulse les profits vers des sommets au tournant des années quatre-vingt-dix. Mais tout le monde se met à faire la même chose, et le business devient moins intéressant. En juin 1994, à Boca Raton, en Floride, Hanckock réunit ses traders de swaps en séminaire. Les swaps classiques (devises, taux) sont devenus banals, la compétition a écrasé les marges de profit : les swaps ne payent plus. Que faire ?

Du remue-méninges qui s'ensuit sort la décision de se lancer à fond sur d'autres types de produits dérivés. Dès 1994, JP Morgan devient donc le grand promoteur des produits dérivés, avant même Goldman Sachs.

S'amplifie alors une lutte entre les banquiers traditionnels du conseil d'administration, les « dinosaures », et l'étoile montante des produits dérivés de la banque, Bill Demchack, surnommé en interne « le Prince des ténèbres ». L'évolution, ou le vide de la réglementation, a rendu plus que poreuses les frontières entre les activités financières. Convaincus de renouveler la finance pour son bien, sûrs d'eux, arrogants, les rois des salles des marchés, virtuoses des produits dérivés, font désormais la pluie et le beau temps pour une bonne raison : ce sont désormais les salles des marchés qui font le bénéfice des banques, et non plus les activités besogneuses et traditionnelles de la banque de réseau.

C'est Morgan qui va mener le bal, marqué à la culotte par ses grands concurrents. Les inventions se succèdent, et pardon pour les noms toujours plus bizarres ! Les dérivés de crédit prennent leur essor. En 1995 sont créés les CDS *(credit default swaps)*, qui vont révolutionner la banque : pour la première fois dans l'histoire, une banque peut se débarrasser de ses risques de crédit. Puis, JP Morgan invente (réinvente en fait) la titrisation, qui consiste à découper le « papier » échangé par les banques en morceaux plus petits. En 1997, la banque invente les Bistro *(Broad indexed secured trust offering)*, qui permettent de constituer des véhicules ad hoc dans les paradis fiscaux. Puis les SPV *(special purpose vehicles)*, afin de loger loin des regards les risques vendus aux investisseurs. Peu importe cette abondance de dénominations obscures et de techniques sophistiquées. Avec toujours plus d'opacité, elles génèrent toujours plus de profits. Morgan est saisi par un tourbillon de créativité : sur ce terrain, elle a une longueur d'avance sur ses confrères, sans doute parce qu'elle sait recruter, comme par le passé, les cerveaux les plus brillants de leur génération.

Encore plus fort : à l'initiative de Dennis Weatherstone, président de JP Morgan, lui-même ancien opérateur sur le marché des changes, les petits génies mathématiques des salles des marchés inventent le VAR *(value at risk)* qui permet de quantifier TOUS les risques pris par une banque, avec une certitude de 95 %, dixit les as du calcul des probabilités ! Non seulement les traders ont pris le pouvoir, mais les matheux les ont persuadés que leurs équations donnaient réponse à tout. Dès lors, les événements s'accélèrent dans la sphère financière.

L'administration Clinton (en place de 1993 à 2001), impressionnée par le brillant lobbying de JP Morgan, fascinée par les arguments pseudo-scientifiques des promoteurs de produits dérivés, laisse faire sans réguler ces nouveaux produits exotiques. La belle machine ne s'arrêtera plus. Après la mégafusion de Travelers avec Citibank, Weatherstone persuade le gouvernement américain de laisser JP Morgan entrer elle aussi dans le marché des émissions d'actions et d'obligations, jusque-là réservé aux banques d'affaires. La messe est dite : JP Morgan et Citigroup ont gagné.

On ne cesse de déréguler à outrance. Les ministres des Finances de Bill Clinton – le banquier Robert Rubin (Goldman Sachs) jusqu'en 1999, puis le professeur de Harvard Larry Summers (qui sera le conseiller économique d'Obama) – portent une lourde responsabilité dans la dérégulation à outrance de ces années euphoriques. Du côté de Wall Street, tout le monde est fasciné par les nouveaux produits financiers. Du côté de Washington, toutes ces innovations, même les plus dangereuses, sont trop techniques pour toujours être comprises. On s'apercevra un jour de leur nocivité, mais bien trop tard.

14

Le cygne noir

Autour de 1990, Salomon Brothers est la plus innovante des banques d'affaires de Wall Street, même si elle ne fait pas partie des plus grandes. Sa force est de s'appuyer sur deux équipes : d'une part, des mathématiciens de pointe, de l'autre, de redoutables professionnels des salles des marchés, emmenés par leur chef, John Meriwether. Mais en 1991, Salomon en prend un peu trop à son aise en bricolant un appel d'offres de bons du Trésor américains. Réagissant vivement au scandale, le gouvernement lui casse les reins. Ses actionnaires font le ménage avec la brutalité coutumière des conseils d'administration américains : l'équipe de direction est éjectée sans ménagement.

Meriwether décide alors de se mettre à son compte. Il lance en 1994 un fonds d'investissement à hauts rendements (et à hauts risques), le plus grand des hedge funds modernes : Long Term Capital Management (LTCM). Il s'agit d'un fonds privé réunissant des souscripteurs fortunés. Gros avantage : avec un tel montage, le hedge fund échappe à tout règlement, depuis qu'une loi de 1940 a stipulé que les initiatives privées de ce genre n'avaient pas à passer sous les fourches caudines de la Fed (contrairement à une banque de dépôts), ni sous celles de la SEC si elles ne faisaient pas un appel public à l'épargne, ce qui est le cas. On peut tout y faire : vendre un titre à échéance en espérant le racheter moins cher au moment de la livraison *(short selling)*, « arbitrer » tous azimuts, créer et manipuler toutes sortes de produits dérivés (swaps, *futures*, options, etc.), s'endetter par effet de levier *(leverage)* sans contraintes, spéculer à tout va sans contrôles, domicilier ses transactions n'importe où : pour LTCM, ce sera une filiale logée aux îles Caïman, paradis fiscal bien connu.

Certes, le concept de fonds privé n'est pas nouveau : Alfred Winslow Jones a déjà expérimenté la formule dans les années cinquante. D'autres l'ont reprise à leur compte : George Soros (György Schwartz, d'origine hongroise) connaît son heure de gloire avec son Quantum Fund, en réussissant la performance mirobolante, en 1992, de mettre à genoux la livre sterling : il empoche en une semaine 2 milliards de dollars sur une pure spéculation monétaire.

Mais c'est la première fois que l'on crée un tel fonds sur des bases scientifiques, en apparence du moins. L'ère des quants est arrivée, ces théoriciens de haut vol de l'analyse quantitative bardés d'équations savantes qui modélisent une réussite financière où l'on gagne forcément à tous les coups. La liste des dix *partners* de LTCM est impressionnante. Ils ont tous un Ph.D (doctorat) du MIT, de Harvard ou de Chicago. Deux d'entre eux, Myron Scholes (professeur à Stanford) et Robert Merton (professeur à Harvard), seront honorés, en 1997, du prix Nobel d'économie. Ce ne sont pas des savants Cosinus : ils s'impliquent très concrètement dans la politique de développement de la firme. Avec LTCM, on assiste au mariage à grande échelle des flambeurs et des matheux.

Les *partners* se mettent en chasse d'investisseurs à 10 millions de dollars minimum par tête (les « investisseurs stratégiques » doivent mettre au moins 100 millions de dollars), particuliers comme institutionnels. En quatre ans, ils réussissent à lever 4,7 milliards de dollars. Leur prestige est tel que l'on trouve au tour de table les grands noms des institutions internationales : le fonds souverain de Singapour, le fonds de pension de Koweït, la Banque centrale d'Italie, Hong Kong Land, la Bangkok Bank, la banque japonaise Sumitomo... et aussi de riches particuliers : Michael Horwitz (le plus grand agent de Hollywood), Phil Knight (fondateur de Nike), James Cayne (président de la banque Bear Stearns). Et aussi des fondations d'universités : St John's University, Yeshiva University, University of Pittsburgh...

Tous sont séduits par les percées conceptuelles d'une poignée de grands universitaires. La discipline de la finance quantitative n'est pas neuve. Son pionnier, Louis Bachelier, en a posé les grandes bases dès 1900 dans sa thèse de doctorat : *Théorie de la spéculation.* Après la Seconde Guerre mondiale, Paul Samuelson, le gourou du MIT, dernier grand économiste « universel » néoclassique (des générations d'étudiants ont potassé « le Samuelson »), reprend les travaux en les amplifiant. Il aura le prix Nobel en 1970. Samuelson est très ferré en physique et en mathématiques. Il est le fondateur de l'économie mathématique moderne. Parmi ses assistants ou ses étudiants, on comptera, entre autres, John Kenneth Galbraith,

James Tobin, Joseph Stiglitz et un jeune et brillant thésard : Robert Merton. Le trio Robert Merton, Fischer Black et Myrton Scholes concocte, dans les années soixante-dix, les travaux fondateurs de la finance moderne, cette révolution conceptuelle connue sous le nom de « théorie de la finance » dont s'empareront les praticiens au cours des années quatre-vingt. Black décédera avant l'attribution du Nobel à ses collègues Merton et Scholes. Le mantra mathématique de tout ce beau monde devient l'équation de Black-Scholes, que l'on retrouve partout.

De quoi s'agit-il (en simplifiant outrageusement) ? On part du principe que l'on peut donner un prix à tout type de produit financier, qu'il ait une contrepartie réelle ou virtuelle (ce qui est la base des produits dérivés, avec leurs collatéraux « sous-jacents »). Le premier, Louis Bachelier a calculé que la gamme de ces prix s'étage selon les probabilités d'une classique courbe en cloche (courbe de Gauss). La clé de voûte de la finance moderne est la théorie des marchés efficients. Elle postule que, à tout moment, les prix de marché incluent toute l'information disponible à l'instant T dans un marché donné, le cours d'une valeur est un « jeu équitable » qui reflète toutes les informations disponibles, ce que l'on appelle la « symétrie de l'information ». Toute nouvelle fluctuation de prix est due à l'arrivée d'informations nouvelles dans le marché : il serait donc impossible de réaliser des profits exceptionnels et de battre le marché.

Dès lors, quels gains espérer ? En fonction de quels risques ? Comment prévoir le prix d'un produit financier ? C'est là qu'interviennent les mathématiques pour déterminer le prix : Black et Scholes ont LA formule prédictive, d'une grande puissance, où tous les paramètres sont prévus. On peut calculer le prix de tout. La théorie est superbe, mais LTCM, cuirassée par les équations des quants, va quand même courir à la catastrophe.

En effet, le prix calculé est-il exact ? Les hypothèses sont-elles fondées ? Dans un monde parfait, les événements se déroulent sans anicroche, dans la plus pure « symétrie de l'information », réductibles aux probabilités de la courbe en cloche. Dans la pratique, le monde n'est pas lisse. Il y a même de multiples aspérités ou interstices, souvent indécelables à l'œil nu. Le problème, c'est que les probabilités sont calculées sur le passé statistique et sur l'hypothèse d'un monde idyllique et non d'un monde sauvage, et que l'occurrence d'événements exceptionnels est fortement sous-évaluée.

Autrement dit, le modèle ne fonctionne bien que quand tout va bien et par temps calme. Quand les choses vont mal, le modèle ne fonctionne plus. C'est comme si, en construisant un navire, on ne renforçait pas suffisamment la coque sous prétexte que tempêtes et typhons ne se produisent que dans 5 % de cas et que, dans 95 % du temps, la mer est calme. On imagine le sort du navire au premier grain…

Comme l'exprime Larry Summers, ministre des Finances de Clinton, puis conseiller économique d'Obama (plus jeune professeur d'économie de Harvard à vingt-huit ans… et neveu de Paul Samuelson), à propos de tous ces modèles : « Ils ont montré que deux bouteilles de ketchup valent deux fois le prix d'une bouteille de ketchup, à l'exception près des déviations dues aux coûts de transaction. » Ou, comme le dit Donald Rumsfeld (l'ex-ministre de la

Défense républicain), avec sa verve : « Il y a les connus connus. Ce sont les choses dont nous savons que nous les savons. Il y a les inconnus connus. Ce sont les choses dont nous savons que nous ne savons rien à leur propos. Mais il y a aussi les inconnus inconnus. Ce sont les choses dont nous ne savons pas que nous ne savons rien à leur propos. »

L'affaire est vraiment sérieuse. Benoît Mandelbrot, formidable mathématicien inventeur des « fractales », n'est pas tendre avec tous ces modèles théoriques. Les hypothèses sur lesquelles ils sont bâtis, analyse-t-il, sont fausses en rafales :

– Première hypothèse, première erreur : les gens agissent de manière rationnelle. Selon la théorie, donc, pourvus de toutes les informations disponibles, les gens agiront de manière à maximiser leur intérêt personnel. Robert Shiller, dans son superbe livre *Irrational Exuberance*, confirme que les facteurs psychologiques irrationnels sont souvent à l'origine de nos décisions financières.

– Deuxième hypothèse, deuxième erreur : tous les investisseurs se ressemblent. Non ! Certains ont plus le goût du risque que d'autres, certains sont plus sophistiqués que d'autres, certains ont des horizons à long terme, d'autres à court terme. John Meriwether et Warren Buffett, « le sage d'Omaha », ne pensent et ne font pas la même chose...

– Troisième erreur : les variations de cours seraient continues et se répartiraient bien tranquillement de part et d'autre de la moyenne, à la manière d'une courbe de Gauss. Très grave erreur : « le cœur de la finance est fractal », énonce Benoît Mandelbrot. Il y a des décrochages violents et fréquents : la finance n'est pas un long fleuve tranquille, elle est sauvage.

– Quatrième erreur : les variations de cours seraient « browniennes ». Ce qui veut dire que les variations de prix sont indépendantes les unes des autres. Une nouvelle information arrive dans le marché, le prix change, sans référence aux mouvements précédents. C'est encore faux : les prix ont une très longue mémoire.

Et chez le pionnier, LTCM, que se passe-t-il ? La technique du fonds est de repérer des anomalies dans les prix que le marché donne aux obligations, censés refléter le risque. Mais, comme les arbitrages sur de petites anomalies sont minimes, il faut faire tourner de très gros volumes. LTCM emprunte donc massivement auprès des banques, qui se laissent faire une douce violence. En 1994, première année d'opération, la société a un rendement net de 40 %. Les souscripteurs sont ravis. Mais elle utilise pour ses emprunts un effet de levier *(leverage)* de 1 à 28, c'est-à-dire que, pour 1 dollar de capital réel dans ses comptes, elle se permet d'en emprunter 28 ! En 1995, deuxième année, le rendement est de 59 %. En 1996, le rendement atteint encore 25 % et la fortune personnelle des *partners* a bondi à 1,4 milliard de dollars !

Mais il devient de plus en plus difficile de maintenir un tel rythme. En dépit de ses secrets de fabrication bien gardés, tout Wall Street imite LTCM. Les opportunités d'arbitrages obligataires se font de plus en plus minces. Le fonds commet alors deux erreurs majeures : d'abord, il se diversifie vers les actions *(equities)* et vers des marchés de plus en plus exotiques et risqués. Ensuite, il rembourse de force une grande partie de ses investisseurs, au motif qu'il n'y a pas assez d'opportunités, laissant ainsi presque tout le capital (et les risques !) entre les mains des *partners.*

Toutefois, LTCM persiste dans son approche exclusivement mathématique. Mais, en douce, elle actionne aussi à fond ses informations privilégiées (où est la fameuse « symétrie de l'information des marchés efficients » ?). Mieux, le fonds se met à jouer massivement sur la volatilité, estimant qu'elle doit se réduire, puisque les modèles théoriques le disent.

La crise asiatique éclate en 1997, rendant les marchés très nerveux en Thaïlande, en Malaisie, en Indonésie. Les monnaies locales et les Bourses implosent à partir de juillet, et en octobre en Corée. Par contamination, la volatilité mondiale ne fait qu'augmenter. 200 milliards de dollars s'évaporent des marchés asiatiques. Tout le monde se rue sur les obligations d'État occidentales, beaucoup plus sûres. LTCM se met à perdre sur tous les tableaux. Mais le pire est à venir : le 17 août 1998, la Russie déclare un moratoire sur sa dette, c'est-à-dire qu'elle ne l'honore plus. Les marchés deviennent littéralement fous.

LTCM perd sur tous les fronts. Son endettement est colossal : pour 4,7 milliards de dollars de capital, elle doit aux banques 125 milliards, et a des engagements hors-bilan de produits dérivés d'une valeur notionnelle de 1 250 milliards de dollars ! Ses modèles mathématiques ont cessé de fonctionner. En cinq semaines, LTCM perd la totalité de son capital : ses partenaires sont ruinés. Sa foi inébranlable dans les modèles statistiques, son *leverage,* qui a atteint 100 avant de devenir infini (*sic* !) lorsque son capital disparaît, précipitent sa ruine. Mais, surtout, l'effondrement du fonds provoque un risque systémique sur tout le système financier mondial par la masse insolvable de ses contrats de produits dérivés.

Fin de l'histoire : le 23 septembre 1998, sous l'impulsion de la Fed – qui a remplacé l'entregent de Pierpont Morgan –, seize banques mettent chacune au pot 250 millions de dollars pour sauver le système. LTCM est mort et enterré.

A-t-on tiré les leçons de ce désastre ? Dans *Le Cygne noir,* l'économiste Nicholas Taleb explique l'impact de ce qu'il appelle le « hautement improbable ». En effet, appliquer les lois statistiques de la physique à l'économie et aux sciences sociales est fallacieux et dangereux. Pour Nicholas Taleb, ancien trader lui-même, il ne faut pas confondre le Mediocristan (« quand l'échantillon est large, un seul sujet ne va pas changer le total ») avec l'Extremistan (« les inégalités sont telles qu'une seule observation impacte le total de manière disproportionnée »). De Robert Merton, il dit : « Un universitaire qui applique de telles méthodes ressemble à la définition d'un fou selon Locke : quelqu'un qui raisonne correctement sur des prémisses erronées ! »

L'Extremistan rappelle l'exemple donné par le philosophe et mathématicien Bertrand Russell : la dinde trouve très sympathiques pendant 999 jours les humains qui la nourrissent si gentiment... jusqu'au millième jour, la veille de *Thanksgiving* ! C'est le domaine de la finance. Les séries statistiques du passé et les probabilités font illusion jusqu'à l'intoxication. Wall Street est un monde d'événements et de créatures improbables, peuplé de cygnes noirs.

TROISIÈME PARTIE

SEPTEMBRE NOIR

« Tant que la musique joue,
nous continuons à danser. »

Chuck Prince, 2007
président (remercié) de Citigroup

15

La bulle Greenspan

Les ménages américains n'ont jamais eu de tradition de frugalité. Du moins au cours des quarante dernières années. L'esprit hardi de l'immense classe moyenne, la foi en l'avenir confortée par un chômage modeste, les bonnes performances économiques de l'ère Clinton, la glorieuse civilisation de la consommation, le matraquage du marketing, les séductions de la carte de crédit et de l'incitation à s'endetter sans douleur, tout cela les a poussés à délaisser un principe de bons sens.

L'Amérique a toujours eu le taux d'épargne des ménages le plus bas du monde. Là où les Japonais et les Chinois épargnent un tiers de leurs revenus, là où les Français en sont à 16 % en moyenne dans les années 2000, les Américains sont les mauvais élèves de la classe. Ils ont eu leur âge d'or dans les années soixante-dix, mais à 10 % d'épargne seulement. Dans les années quatre-vingt, le taux est passé à 8 %, puis à 5 % dans les années quatre-vingt-dix et à... 1 % en moyenne dans les années 2000. Dans la belle euphorie de ces années de crédit facile, les ménages américains jouent les cigales. Leur endettement, qui représentait déjà 84 % de leurs revenus en 1990, s'envole à 140 % en 2007 (en France : 68 %). La faute à qui ? À un rêve.

À partir de 1993, l'administration Clinton se lance dans l'« ingénierie sociale » et pousse par tous les moyens les banques à prêter aux pauvres, surtout s'ils sont noirs ou hispaniques, et peu importe la solvabilité. On défiscalise en grand : le *Taxpayer Relief Act* augmente l'exonération fiscale des gains en capital sur l'immobilier jusqu'à 500 000 dollars. Le Congrès s'y met aussi, ainsi que l'administration Bush qui, en 2003, met en œuvre le *Dream Down payment initiative.* Fannie Mae et Freddie Mac, les deux grandes sociétés semi-publiques de refinancement hypothécaire, sont poussées au crime par les politiques.

La Banque centrale américaine (la Fed) et son président gourou Alan Greenspan, en poste de 1987 à 2006, surnommé « le maestro » par les médias, entretiennent des taux d'intérêt excessivement bas pour mettre le plus de liquidités possible dans le système. Le sphinx Greenspan enchante les commentateurs et se délecte de formules sibyllines épaississant le brouillard sur sa politique, du genre : « Si vous avez compris ce que je viens de dire, c'est que je me suis mal exprimé ! »

En bas, ce sont des officines financières qui, bien au-delà des banquiers classiques, inventent des prêts à risques mirobolants pour les ménages insolvables, manière d'élargir le gâteau du crédit sans trop se préoccuper des sacro-saintes garanties exigées par une banque « normale ». La plus en pointe de ces officines a été créée par le fils d'un boucher italien du

Bronx, le flamboyant et richissime Angelo Mozillo : Countrywide Financial. Mais il y en a bien d'autres. Cette catégorie de prêts très risqués va s'appeler « subprime » (littéralement « sous la prime »).

Autour de l'an 2000, les subprimes, ces crédits destinés aux plus pauvres, ne représentent encore que 7 % des prêts immobiliers américains. La part va brutalement monter à 25 % en 2006... d'un marché équivalent au produit intérieur brut américain : 14 000 milliards de dollars !

La machine repose sur un postulat simple, qui se transforme en article de foi. La valeur des maisons, en effet, augmente bon an mal an de 10 % ou plus. Il n'en faut pas davantage pour tirer des plans sur la comète. Si le ménage insolvable s'endette et fait défaut, il pourra toujours revendre sa maison à bon prix pour se sortir de ce mauvais pas.

C'est la fête. Le marché immobilier flambe. Il y a toujours plus d'entrants. Exactement comme en Bourse, le ballon gonfle, gonfle, jusqu'au jour où il explose. Au second semestre 2006, le prix des transactions s'effondre brutalement, et pas seulement dans la catégorie subprimes. Le basculement est très rapide. Au premier trimestre 2006, on surfait sur 13 % d'augmentation du prix annuel de l'immobilier. Au troisième trimestre, on plonge à – 4 %. Six mois plus tard, on est à – 10 %. « C'est quand la mer se retire que l'on voit ceux qui nageaient nus », a dit Warren Buffett, l'investisseur le plus avisé et le plus riche du monde. En 2007, les nageurs dépouillés se comptent par millions.

Cela secoue un peu dans le système financier américain, avec quelques dégâts collatéraux ailleurs, mais si peu. Bon ! Deux sociétés américaines de prêts hypothécaires régionales mettent la clé sous la porte en juillet 2007. En août, c'est une banque française, BNP-Paribas, qui suspend la cotation de deux de ses fonds, apparemment contaminés par du papier échappé du circuit hypothécaire américain. Rien de systémique pour l'instant. Mais cela révèle pour la première fois au grand jour que les produits financiers ne sont isolés ni d'un secteur particulier ni d'un marché particulier. Charme de la mondialisation…

Le système des subprimes a donc fait faillite. Jusque-là, rien que de très classique : c'est une bonne vieille bulle financière qui explose. Elle ressemble à la virgule près à toutes les crises du passé, depuis la crise de 1929 ou celle de 2001, en passant par la grande crise de 1873 ou celle de 1907 et bien d'autres. À chaque fois, on y trouve au départ une expansion extrême de la liquidité, accélérée par une offre de crédit débridée et des taux d'intérêt écrasés (merci Alan Greenspan !). S'ensuit une folle spéculation qui fait gonfler une bulle jusqu'au point de rupture. Personne ne veut être en reste, comme l'avait noté Charles Kindleberger, auteur majeur sur les crises : « Rien n'est plus perturbant pour son bien-être et son jugement que de voir son voisin s'enrichir ! » Enfin, l'euphorie ambiante expédie aux oubliettes les avertissements, au prétexte que toute crise est « nouvelle ». En réalité, seul l'objet de la crise change (les chemins de fer en 1873, les valeurs internet en 2001, les subprimes en 2007…), mais personne ne veut l'admettre. Les Cassandre empêchent les initiés de tourner en rond !

La crise que l'on va qualifier un peu rapidement de « crise des subprimes » est en réalité beaucoup plus profonde qu'une simple bulle immobilière américaine. Les subprimes ont bon dos. L'arbre cache une forêt de dérives financières autrement plus vastes et plus toxiques. La grande crise est enclenchée. Elle va tout dévaster.

16

La sphère financière dévore l'économie réelle

L'économie réelle est le domaine du tangible, des produits que l'on peut voir et toucher, comme une carotte ou un livre, ou des services clairement perceptibles, comme les contrats d'assurance. La production annuelle des biens et services fait l'objet dans chaque pays d'une comptabilité nationale : c'est le produit intérieur brut. Le PIB est la somme des valeurs ajoutées des produits finaux des agents économiques (y compris les taxes). Il mesure des flux de production, en aucun cas des stocks de patrimoine. C'est sans doute un indicateur imparfait, mais c'est le plus régulier que l'on ait trouvé jusqu'ici pour mesurer l'activité économique. C'est une norme mondiale qui autorise toutes les comparaisons.

En 1990, le PIB mondial est de 21 000 milliards de dollars. Changeons d'échelle : nous ne parlerons plus désormais qu'en trillions de dollars (1 trillion = 1 000 milliards). En 1990, donc, l'ensemble des biens et services produits dans le monde cette année-là est de 21 trillions de dollars. Les États-Unis sont la première puissance, avec 6 trillions. La Chine n'en est qu'à 0,3. En 2007, le PIB mondial aura progressé (en dollars courants) jusqu'à 52 trillions. Les États-Unis restent toujours en tête (14 trillions de dollars). La Chine est au troisième rang (4 trillions de dollars), derrière le Japon. La France en est à 2,5. Voilà pour les ordres de grandeur.

En 1990 toujours, les activités financières sont certes prospères, mais les flux financiers nationaux ou transfrontières ne représentent encore « que » 21 trillions de dollars, exactement le même chiffre que celui de l'économie réelle. En 2008, avant la crise de septembre, le chiffre des activités financières a progressé jusqu'à 320 trillions de dollars ! Ce n'est pas une faute de frappe : la sphère financière en vient à représenter six fois l'économie réelle, 600 % si l'on préfère. C'est une masse ahurissante, difficile à conceptualiser, d'autant plus qu'elle est largement virtuelle, dématérialisée entre des ordinateurs. De quoi est-elle composée ?

À tout seigneur tout honneur : la Bourse. Puisqu'elle est devenue le baromètre des activités marchandes et le réservoir de capitaux des grandes entreprises, elle attire en priorité l'attention. C'est un marché mondial qui ne ferme jamais, grâce aux ordinateurs. Lorsque l'Europe dort encore, Tokyo et Hong Kong s'éveillent, puis le Moyen-Orient, puis la City de Londres, Paris ou Francfort, enfin Wall Street puis San Francisco. Et on recommence.

Gardons en permanence comme référence ce PIB mondial de 1990 (21 trillions de dollars) et celui de 2007, année précédant la crise financière : 52 trillions de dollars. On tolérera de comparer des stocks (capitalisation) avec des flux (PIB), mais c'est seulement pour étalonner des ordres de grandeur.

En 1990, la capitalisation boursière mondiale est de 9 trillions de dollars (42 % du PIB mondial). En 2007, elle est montée à 62 trillions de dollars (120 % du PIB). Les caisses de retraites anglo-saxonnes (les fameux *Pension Funds* comme Calpers ou Scottish Widow) en détiennent 28 trillions.

Autre indicateur révélateur : le marché des changes. Avec la convertibilité totale des grandes devises (sauf le yuan chinois) et le flottement généralisé des monnaies depuis 1971, les arbitrages de trésorerie des États et des entreprises se font au jour le jour en échangeant les devises entre eux. Le principal marché est ainsi celui du yen japonais qui s'ajuste au dollar américain pour des sommes colossales. Le jeu devient permanent.

En 1990, il s'échangeait 0,8 trillion de dollars par jour entre les places du monde. En 2007, le montant des échanges *quotidiens* est de 3,2 trillions de dollars. On peut certes objecter que ces flux bruts fonctionnent à double sens. Prenons alors les flux nets des transactions, que mesure la Banque des règlements internationaux de Bâle. En 1990, le solde net quotidien sur les marchés des changes était de 30 milliards de dollars. En 2007, il est monté à 120 milliards. Sur une année, et compte tenu des jours fériés, il s'agit donc d'une somme de 36 trillions de dollars (70 % du PIB mondial).

Troisième indicateur de cette période de créativité : les « produits dérivés ». Les produits dérivés sont l'aubaine technique des banquiers d'affaires, une formidable machine à produire de la liquidité éternelle presque sans capital de départ.

Quand on achète une action en Bourse, on achète un morceau de l'actif comptable et réel d'une entreprise, à un certain prix. Jusque-là, chacun comprend. Un produit dérivé, lui, est un morceau de papier (ou une ligne d'ordinateur) d'apparence similaire, sauf que sa valeur est calculée en fonction de l'évolution d'un prix ou d'un taux d'un actif potentiel caché, que l'on appelle le « sous-jacent » *(Underlying)*. On peut l'acheter sans débourser un sou et on ne règle qu'à une date future. Mais, plus étonnant, on peut élaborer un produit dérivé sur à peu près toutes sortes de spéculations futures, puisque c'est un marché virtuel qui détermine les prix et non une valeur réelle d'actifs. Il suffit qu'il y ait des acheteurs et des vendeurs !

À l'origine, le produit dérivé est un outil pour se couvrir contre les risques financiers. Par exemple, un fabricant de confitures s'engage sur un prix constant sur l'année. Il ne peut donc pas répercuter les fluctuations des prix du sucre sur celui de pots de confiture. Quand il détermine le prix de vente de ses pots, il doit donc faire l'hypothèse d'un prix moyen du sucre sur l'année. C'est dangereux. Il va donc déplacer son risque en le confiant à des spécialistes, en négociant avec eux des options d'achat de titres créés tout exprès. Si le sucre vient de l'étranger, le risque de fluctuation des devises peut aussi être paré en se couvrant des risques de change. Et ainsi de suite.

Les as de la finance voient un formidable marché s'ouvrir à eux, qui n'est sujet à aucune réglementation puisqu'il s'agit de produits inconnus des juristes et autres autorités financières nationales. On peut créer des produits dérivés pour toutes sortes de catégories d'actifs sous-jacents, c'est-à-dire virtuels, à propos de transactions sur des matières premières, ou sur des actions, ou sur des prêts immobiliers, mais aussi sur des taux d'intérêt espérés, sur des indices de prix futurs. On peut même spéculer sur le temps qu'il fera à Paris le 11 juin 2025 !

Le titre de spéculation – pardon : de « finance structurée », comme on dit plus savamment – acquiert une valeur de marché, parce qu'il peut s'acheter et se vendre. C'est bien sûr une affaire de spécialistes, logés dans les départements idoines des grandes banques. Ils fabriquent à tout va des *futures*, des *forward*, des options ou des swaps. Autre énorme avantage : le marché des produits dérivés est un marché « de gré à gré », dont les ordres d'achats et de ventes sont généralement donnés par téléphone, sans aucun enregistrement, ni passage par une autorité de régulation, ni transparence aucune.

À la fin des années quatre-vingt, c'est encore l'âge de pierre des produits dérivés, mais les ordinateurs, les mathématiques et l'appât du gain vont changer tout cela rapidement. Le progrès, si c'en est un, viendra... de la conquête de l'espace ! Au début des années quatre-vingt-dix, la course à l'espace marque le pas. On a marché sur la Lune. Le concours de beauté avec l'Union soviétique est mis en veilleuse. L'URSS a implosé en 1990, rendant moins prégnante la « guerre des étoiles » de Ronald Reagan. Les budgets s'atrophient. La Nasa dégraisse. Des centaines de docteurs en mathématiques ou en physique cherchent du travail. C'est Wall Street qui va leur en fournir.

C'est dans l'air du temps. On a besoin d'équations de plus en plus complexes pour calculer des dérivés de dérivés d'indices de taux futurs espérés et autres créatures bizarres. Au même moment, la dérégulation de la sphère financière bat son plein.

Les génies des équations, les virtuoses de la finance quantitative – les quants, que nous connaissons déjà – vont alors s'en donner à cœur joie. Dans les années 2000, on ne comptera pas moins de 40 000 produits dérivés de différents types, offerts à l'encan et, qui plus est, notés comme à l'école par les grandes agences de notation, qui sont les nouveaux arbitres des élégances, les oracles qui décrètent si tel produit est digne de la note suprême AAA.

Les produits dérivés vont s'envoler. En 1990, ils ne représentaient à peu près rien dans les transactions financières. En 2000, on en est à 60 milliards de dollars de transactions nettes quotidiennes. C'est une estimation, bien sûr, faute d'enregistrement et de supervision. C'est bien le problème. En 2007, on atteint 183 milliards de dollars nets. 183 milliards de dollars quotidiens comparés, par exemple, aux 64 milliards de dollars d'exportations mondiales quotidiennes dans l'économie réelle ! Sur une année, les seules transactions sur produits dérivés représentent donc 55 trillions de dollars, plus que le PIB mondial. Inquiétant.

On invente également un autre type de « papier » pour se prémunir des risques éventuels de toutes ces transactions, une sorte de police d'assurance : les *credit default swaps* (CDS). Comme les barrières ont explosé entre banques de dépôts, banques d'affaires ou compagnies d'assurances, tout le monde peut désormais émettre des CDS. C'est la grande mode. Qu'on en juge : en 2002, la masse en circulation des CDS notionnels s'élève à 2 trillions de dollars. Le chiffre grimpe à 18 en 2005, 35 en 2006 et 63 en 2007, soit 125 % du PIB mondial ! On s'apercevra, lors de la faillite de la première compagnie d'assurances mondiale AIG, que cette dernière ne détenait pas moins de 400 milliards de dollars de CDS dans ses comptes.

600 % du PIB mondial ! Qui plus est, totalement virtuel et d'une folle opacité. Le moindre grain de sable dans cette sphère financière peut être le détonateur d'une bombe atomique sur l'économie réelle. C'est ce qui va se passer.

17

Quand Gauss copule, Wall Street danse

Comme personne ne comprend plus rien au contenu des produits dérivés, sauf quelques petits génies qui en sont les inventeurs, Wall Street va tenter de se border en appliquant systématiquement une équation sortie du cerveau du plus brillant des quants, un Chinois nommé David Li[1] :

$$\mathbf{Pr}\,[T_A<\mathbf{1},T_B<\mathbf{1}] = \mathbf{\Phi}_2\,(\mathbf{\Phi}^{-1}(F_A(\mathbf{1})), \mathbf{\Phi}^{-1}\,(F_B(\mathbf{1})), \gamma)$$

Pour les mathématiciens professionnels, cela s'appelle une « copule gaussienne ». Elle va devenir dans les salles des marchés le mantra magique qu'il suffit d'invoquer pour gagner à tous les coups, la martingale rassurante pour fabriquer des profits illimités.

Cette formule théorique est au départ censée s'appliquer au marché obligataire. Une obligation n'est qu'une *promesse* de rembourser une somme

---

1. Ce chapitre est largement une adaptation partielle libre, en français, d'un article abondamment repris par la blogosphère, sous la plume de Felix Salmon : « Recipe for disaster », dans le magazine en ligne *Wired* (23 février 2009).

d'argent avec intérêts à certaines dates. Si une entreprise émet des obligations, les investisseurs vont scruter les comptes de cette entreprise pour détecter tout risque de défaut. Plus le risque perçu sera fort, plus le taux d'intérêt sur cette obligation sera élevé. Les investisseurs, comme les joueurs de casino, sont familiers du calcul des probabilités. Ils évaluent donc le risque et lui donnent un prix.

Le pari sur une seule entreprise est limité. Mais quand il s'agit du marché immobilier, c'est une autre affaire. Là, il s'agit de millions de petits prêts hypothécaires dont on sait peu de chose. Quelle est la solvabilité de chacun des emprunteurs ? Quel est le risque de contamination de l'un à l'autre en cas de problème ? Se peut-il que des milliers de propriétaires soient simultanément incapables de rembourser leurs prêts ? On le sait, le marché des prêts immobiliers américains (du moins avant la grande crise) est impressionnant : il atteint la valeur totale du PIB des États-Unis, 14 trillions de dollars !

C'est un marché fragmenté, difficile à évaluer, sur lequel il est illusoire de récolter une masse d'informations individuelles, forcément disparates. Il est presque impossible d'assigner une probabilité de défaut de paiement à cette masse confuse. Wall Street résout une partie du problème, dès les années quatre-vingt-dix, en agglutinant ces prêts en différents groupes *(pools)*, puis en découpant ces groupes en tranches. Chaque tranche est alors constituée d'un certain type d'obligations, dont le risque est évalué par des agences de notation, dont c'est le métier. La tranche qui obtient une note AAA (la plus élevée) est facilement refinancée par les investisseurs idoines, à des taux d'intérêt bas (parce que sans risque en principe). Les tranches suivantes, avec une moins bonne note, sont plus difficiles à placer, donc elles portent des taux d'intérêt plus élevés, et ainsi de suite.

Un problème subsiste. Si la valeur des maisons dans votre voisinage se met à baisser, il y a des chances pour que le prix de votre maison baisse aussi, même si c'est la plus belle du quartier. On appelle cela le « risque de corrélation ». L'ennemi de l'investisseur – banque, entreprise ou particulier –, c'est l'incertitude. C'est pourquoi toute formule permettant de mesurer le risque de corrélation est bonne à prendre, pour autant qu'elle apparaisse crédible.

Dans les années quatre-vingt-dix toujours, on assiste à une expansion mondiale sans précédent des besoins de financement. Pas seulement pour l'immobilier, mais aussi pour les cartes de crédit, les ventes de voitures, les entreprises et bien d'autres. L'unité de mesure passe du million au milliard, puis au trillion de dollars. Comment évaluer ce mouvement brownien de millions d'acteurs individuels ? Quels risques les prêteurs peuvent-ils donc prendre ? Le plus simple est de prêter à chaque emprunteur un par un dans le détail, mais c'est de l'épicerie, pas du marché financier.

Il y a bien une autre technique, le *credit default swap*, en principe sans risque, aussi solide qu'un contrat d'assurance. On peut en créer autant que l'on veut, on n'est pas contraint par le mode de fabrication tatillon des obligations. Le CDS devient alors un marché en soi, avec ses prix et ses transactions, à une échelle de plus en plus vaste. Mais le problème demeure : comment déterminer un prix vraisemblable ?

C'est ici qu'entre en scène David Li. Il a commencé sa vie pieds nus dans la boue des rizières du sud de la Chine. Mais il est bon en maths dès son plus jeune âge. Il aboutit à l'université locale en Chine, puis émigre au Canada où il obtient un doctorat en statistiques de l'Université de l'Ontario. Il passe ensuite dans des départements de recherche de grandes banques, au Canada d'abord, puis à Wall Street. C'est en 2000, alors chez JP Morgan, qu'il publie son article fondateur sur les risques de corrélation, c'est-à-dire sur les risques de contamination de proche en proche d'une variable du marché qui aurait soudain dérapé.

D'habitude, lorsque l'on étudie les statistiques de marchés financiers afin d'en éclairer les mécanismes, on se penche sur de longues séries historiques, où l'on repère les continuités et les ruptures. L'immense mathématicien Carl Friedrich Gauss (1777-1855) en avait été le pionnier fécond. La percée conceptuelle de David Li est d'ignorer les statistiques du passé pour centrer son analyse sur les variations de prix des *credit default swaps*, produits relativement récents. Les prix de marché de ces produits sont ici considérés comme des informations fiables en temps réel, pures et non distordues, car on suppose qu'ils donnent une mesure exacte du risque de corrélation. Dès lors, la seule chose qui compte, c'est de calculer, à l'aide d'une formule mathématique aisément ingérable par un ordinateur, un chiffre final unique, limpide, d'une merveilleuse élégance, qui donne la mesure simple de cette corrélation. Personne à Wall Street n'a lu Rabelais : « Science sans conscience n'est que ruine de l'âme. »

La formule se répand à Wall Street comme une traînée de poudre dès sa publication. Les banques, les traders, les hedge funds, tous les animaux de la jungle financière l'adoptent du jour au lendemain. On tient enfin la clé de tous les mystères et de tous les marchés. Il suffit d'appliquer la formule à n'importe quel nouveau produit financier issu du cerveau fécond des quants, quitte à les découper en tranches – sans se donner la peine de vérifier la valeur des sous-jacents *(underlying)* des produits – et de communiquer le chiffre tout simple qu'a calculé l'équation aux agences de notation, promptes à leur attribuer les meilleures notes puisque la formule l'a calculé ainsi.

La créativité ne connaît alors plus de bornes. Tout peut être, comme un bloc de foie gras, subdivisé ou coupé en tranches, en « papier » noté AAA, censément sans risque : des obligations d'entreprises, des prêts bancaires, des crédits hypothécaires, n'importe quoi. On peut prendre des tranches de ceci ou de cela et même les reconditionner ensemble dans un nouvel emballage. La seule chose dont on ait besoin, c'est la copule de Li.

Tout le monde copie aveuglément ce que fait son voisin, sans se poser de questions. D'ailleurs, 99 % de ceux qui appliquent la formule n'y comprennent absolument rien, à commencer par les dirigeants des grandes banques et même les patrons des salles des marchés, censément meilleurs techniciens. David Li lui-même l'a dûment signalé en 2005 au *Wall Street Journal* : « Très peu de gens comprennent la substance de ce modèle. » Le seul problème est que la base de mesure du prix des produits utilisée par Li est extraordinairement réduite dans le temps et confinée à une période où les prix de l'immobilier étaient en croissance continue.

Comme d'habitude, sans s'arrêter pour réfléchir un peu, tout le monde se précipita avec un bel ensemble vers l'abîme.

18

La fusée à trois étages

Par quelle mécanique infernale l'affaire des subprimes a-t-elle dégénéré en une monstrueuse crise financière[1] ? Au départ, il s'agit d'élargir l'accès au marché immobilier américain à tous les ménages, même les plus fragiles. Les banques américaines prêtent donc auxdits ménages en recourant à la catégorie la plus risquée : les subprimes. Les banques en viennent ainsi à détenir dans leurs comptes une quantité de papier, contrepartie de ces prêts risqués, qui représentent autant de revenus futurs pour elles au fur et à mesure des remboursements supposés. Jusque-là, cela tient la route.

Elles vont alors construire une fusée à trois étages, de plus en plus gros et de plus en plus opaques. Ces trois étages s'appellent ABS *(asset backed securities)*, CDO *(collateralized debt obligations)* et SIV *(special investment vehicles)*. La clé pour comprendre le problème est

1. Ce chapitre reprend une série d'articles de Jacques Gravereau parus dans *La Tribune* en janvier 2008... deux mois avant la chute de Bear Stearns et huit mois avant la crise de septembre 2008 !

le concept de « titrisation » : on amalgame tous les papiers financiers que l'on détient, et on en fait un gros paquet virtuel que l'on découpe par morceaux. On revend ces morceaux à d'autres banques, en leur donnant une valeur et un cours.

Le premier étage de la fusée est donc constitué d'*asset backed securities.* Ces ABS sont apparemment solidement gagés : par exemple, deux tiers sur des hypothèques immobilières (mais à quelle valeur réelle ?) et un tiers sur d'autres actifs financiers, comme les cartes de crédit. En 2007, comme on le sait, le PIB mondial représente 52 trillions de dollars. La masse des dépôts bancaires mondiaux est de 38 trillions, ce qui n'est pas exceptionnel. Les ABS à elles seules représentent 11 trillions, ce qui donne le vertige (quatre fois le PIB de la France !).

C'est alors qu'intervient la finance dite « structurée » pour construire le deuxième étage de la fusée. Une banque d'affaires rachète des titres d'ABS et en compose un nouvel assemblage (un bout de subprimes pourries, un bout d'obligations un peu moins mauvaises, un bout de carte de crédit, etc.) qu'elle empaquette dans un nouvel emballage. Cet emballage s'appelle un CDO *(collateralized debt obligation).* Il est le résultat d'une cuisine interne opaque dont seuls quelques matheux créatifs comprennent la mécanique, mais sans pouvoir prévoir la trajectoire de ces créatures étranges. Ces banques commencent alors à vendre massivement ces produits, toujours plus sophistiqués, qui se mettent à se promener sur le marché. Leur nombre et leur composition sont tels qu'ils acquièrent une valeur virtuelle magique, à laquelle plus personne ne comprend plus rien, même les professionnels qui les achètent. Mais il est très tendance dans la sphère financière de fabriquer et d'acheter du CDO. Les moutons de Panurge du marché adorent ces nouveaux produits.

Les agences de notation s'emparent du sujet et se mettent à leur attribuer des notes. Mais nombre de CDO dotés de la meilleure notation contiennent aussi des subprimes pourries : une fois encore, les analystes sont pris la main dans le sac de conflits d'intérêts, sinon d'incompétence. Les CDO s'envolent : de 2000 à 2006, leur masse en circulation passe de 275 à 4 700 milliards de dollars. Avec le foisonnement des CDO (400 milliards de dollars émis pour la seule année 2007), on ne sait plus où est le risque. On ne sait plus qui détient quoi.

Le troisième étage de la fusée est alors prêt à entrer en action. Il est diabolique. La rotation des CDO rapporte énormément d'argent. Mais ces derniers sont trop visibles. Les ABS et les CDO ne sont que des instruments. Les banques se mettent donc à créer des « véhicules » d'investissement *(special investment vehicles)* domiciliés à droite et à gauche, notamment dans des paradis fiscaux obscurs, où elles mettent des tonnes de CDO de toutes sortes. Les SIV sont hors-bilan, ce qui est bien commode : pas de rapports fastidieux, pas de prudents « ratios Cooke » à respecter ; ces « véhicules » sont contrôlés par la banque sans (techniquement) lui appartenir, ils se refinancent sur le papier commercial à court terme, ils ont un rendement exceptionnel. Les SIV rappellent furieusement les *investment trusts* de la crise de 1929, qui avaient explosé dans la tourmente. On n'a donc rien appris de la toute récente affaire Enron en 2002, ou l'on s'est rapidement voilé la face, car le cœur du scandale d'Enron était précisément la satellisation hors-bilan – et dans des paradis fiscaux pour faire bonne mesure – des actifs douteux de ladite société, coqueluche absolue de la Bourse de New York pendant plusieurs années.

C'est l'aubaine du siècle. Tout le monde se rue sur le papier, d'autant que les transactions électroniques accélèrent considérablement la vitesse de circulation des capitaux. Les banques créent du papier supplémentaire pour alimenter la demande, exactement comme pour les assignats de John Law à Paris en 1720. La machine se met, en 2007, à tourner dans une folle ronde. Personne ne veut être en reste. Toutes les banques (pas seulement américaines, loin de là) se mettent à proposer monts et merveilles. Personne ne résiste aux deals juteux, et surtout pas Dick Fuld, le patron de Lehman Brothers, maison dont le métier habituel n'a pourtant jamais été l'immobilier.

La Federal Reserve du très libéral Alan Greenspan (président jusqu'en janvier 2006) a-t-elle perçu le problème ? Il n'en est rien. Toute à ses certitudes idéologiques que « la main invisible du marché » apporte spontanément ses propres correctifs, la Fed n'a rien vu ni rien fait. Elle savait, tout le monde savait, que la situation était volcanique. Mais il n'y a pas de bulle tant qu'elle n'a pas explosé !

En août 2007, les premières alertes sur les subprimes commencent à tinter, avec la faillite de deux sociétés spécialisées régionales. Lehman Brothers ferme sa filiale BNC Mortgage le 22 août. Début de panique sur les marchés. À ce moment, et à ce moment seulement, on se pose deux questions d'une simplicité biblique : au fait, qui exactement détient les subprimes ? Que contiennent réellement les CDO et autres SIV ? Et l'on s'aperçoit avec effarement que personne n'a les réponses.

Il n'en faut pas plus pour que la bulle spéculative éclate. Tout ce papier n'est que de la monnaie de singe. Il n'y a plus de marché ni de prix pour rien, ni CDO ni SIV. Dans une ultime tentative, certaines grandes banques anglo-saxonnes créent un *super-Conduit* de SIV, en apportant leur garantie explicite. Mais la tentative tourne court : le marché du refinancement s'assèche brutalement. Elles devront, pour se couvrir, réintégrer des SIV dans leur bilan et les passer en pertes, pour des dizaines de milliards de dollars en 2007, en attendant 2008 et les années suivantes.

Les transactions entre banques sont sinistrées : il y a de bonnes masses de liquidités au jour le jour, mais pas au-delà. Or le crédit est le sang du système. Les banques, en tout premier lieu, se refinancent entre elles au jour le jour pour des montants considérables, dans une circulation mondiale permanente du marché. S'il n'y a plus de marché ni de prix pour rien, c'est la thrombose. Même si les actifs de l'économie réelle ne sont pas (ou pas encore) affectés.

Les conseils d'administration de Wall Street se réveillent. À l'automne 2007, Citigroup congédie Charles Prince. Merrill Lynch remercie le premier président black de Wall Street, Stanley O'Neal, mais, pour adoucir ses souffrances, lui signe un chèque de départ de 161 millions de dollars ! Le 8 janvier 2008, c'est le tour de James Cayne, le patron de Bear

Stearns. Lui non plus n'est pas dans le besoin : il a touché, pour l'année qui vient de s'écouler, 40 millions de dollars de rémunération.

Nombre de banques consolident pour l'instant leurs pertes dans leurs comptes. Certaines se vendent partiellement à des fonds souverains : Citigroup au fonds d'Abu Dhabi, Merrill Lynch à Singapour, Morgan Stanley à la Chine. Les pays émergents se mettent donc à financer les pays riches, ce qui est très nouveau.

Nous sommes début 2008. La bombe atomique financière est en marche. La suite est un cataclysme.

19

Avant-dernier acte

Les banques d'affaires de Wall Street sont désormais d'énormes paquebots. Les cinq plus grandes disposent, en ce début 2008, d'actifs totaux de 4,3 trillions de dollars (30 % du PIB américain, deux fois le PIB de la France). Les trois seigneurs, Morgan Stanley, Goldman Sachs et Merrill Lynch, disposent de plus d'un trillion de dollars chacune. Lehman Brothers en a 0,7. Bear Stearns, 0,4. Mais ces paquebots ne sont pas insubmersibles. Ils commencent même à tanguer dangereusement dans l'affaire des subprimes, dont ils se sont goinfrés à l'aide de tringleries monstrueuses. La première banque à passer à la trappe sera la plus petite des cinq grandes : Bear Stearns.

Qui est Bear Stearns ? Robert Stearns et Ainslie Bear créent Bear Stearns en 1923, bien tardivement. Ce sont des juifs russes bagarreurs, beaucoup moins policés que leurs collègues juifs allemands. Ils ne s'intégreront jamais à l'élite de la banque. Avec sept employés, plutôt prudents au départ, ils traversent la crise de 1929 sans encombre. Après guerre, la présidence revient à Alan « Ace » Greenberg. Sous sa houlette, ses équipes prennent des risques, beaucoup de risques, et gagnent de l'argent, beaucoup d'argent. Dans cette maison de rudes juifs russes, on ne perce que si l'on a un « diplôme de PSD » *(Poor, Smart, and a deep Desire to get rich !)*. Greenberg en rajoute : « Si quelqu'un vient nous trouver pour un job avec un MBA de Harvard, on ne va pas retenir cela contre lui. »

Dans les années soixante, il recrute Jimmy Cayne, un autodidacte qui a démarré dans la vie comme ferrailleur, mais doué au point de devenir l'un des meilleurs champions de bridge de sa génération. Cayne est encore plus rugueux et accro au risque que son mentor Greenberg. En 1993, Jimmy Cayne devient président. Bear Stearns, avec six mille employés, est devenu l'une des firmes les plus profitables de Wall Street.

Les banques d'affaires de Wall Street ne sont pas encore des supermarchés de la finance. Elles ont toutes une spécialité, un cœur de métier. Pour Bear Stearns, c'est le *Fixed Income*, c'est-à-dire le métier des dettes à taux fixes, où le jeu principal consiste à acheter des obligations et des instruments obligataires dérivés présentant un potentiel d'appréciation et à se défaire de ceux qui vont potentiellement se déprécier, tout en utilisant diverses techniques pour neutraliser le risque de taux d'intérêt. Bear Stearns se retrouve donc le plus gros émetteur d'obligations immobilières hypothécaires et y fait de superbes profits. Dès le balbutiement des nouveaux instruments du marché immobilier, ses équipes organisent la première titrisation de subprimes, qui est reçue par le marché avec enthousiasme. Cayne est un manager instinctif, en aucun cas un technicien. Son problème, c'est que, à l'instar de la plupart des patrons de Wall Street, il ne comprend pas grand-chose à la complexité des produits qu'il vend. Il va le payer très cher.

À partir de 2002, les hedge funds sont la coqueluche de Wall Street (on en recensera près de dix mille en 2007 !). Toutes les grandes banques d'investissement s'y intéressent. Mais Bear Stearns va plus loin : il crée son propre hedge fund, HGSF, qui investit dans les meilleures tranches des CDO et y fait fortune. Début 2007, Jimmy Cayne « vaut » 1,2 milliard de dollars à titre personnel et parade dans son hélicoptère ou dans son avion de luxe. Devant ce succès, il crée un autre hedge fund, beaucoup plus risqué : Rampart. Bear Stearns est devenu en réalité un gros hedge fund séduisant : l'Arabie Saoudite, Bank of America, la China Construction Bank, la Sumitomo Bank envisagent sérieusement d'y prendre une participation.

Le 2 avril 2007, New Century, une obscure banque hypothécaire gorgée de subprimes, est mise en faillite. La crise arrive, au début, dans une sorte d'indifférence générale : peu de gens comprennent ce qui attend le système bancaire. Le 7 juin 2007, le fonds Rampart de Bear Stearns est gelé. Idem pour HGSF le 26 juin. Les deux hedge funds de Bear Stearns sont en état de mort clinique. Les banques prêteuses demandent des remboursements immédiats. À ce moment-là, Bear Stearns finance au jour le jour un portefeuille d'actifs peu liquides de 525 milliards de dollars avec un effet de levier *(leverage)* de 44, c'est-à-dire de 44 dollars empruntés pour 1 dollar de capital ! C'est une situation de risque insensée, que le plus incompétent des banquiers commerciaux aurait vu instantanément. Cayne ne mesure toujours pas la gravité de la liquidation de ses deux fonds.

Le reste de l'année 2007 se déroule de façon tout aussi chaotique. À l'automne, Wall Street tangue dangereusement. Qui possède quel actif pourri dans ses comptes ? Personne ne le sait. Les banques se méfient les unes des autres et, dans le doute, refusent de se prêter les unes aux autres. Il n'y a plus de prix pour rien ! Le marché interbancaire est gelé. Mais on ne parle alors que d'une crise des subprimes, rien d'autre.

Le 18 janvier 2008, le président George W. Bush, toute honte libérale bue, annonce un plan de renflouement de 150 milliards de dollars pour le secteur financier. Ce n'est pas suffisant. Le 14 février, la banque UBS annonce une perte de 11,3 milliards de dollars pour le dernier trimestre de l'année précédente. Tous les regards se tournent vers Bear Stearns, qui doit justifier en catastrophe sa solvabilité. Mais, comme l'avait dit Walter Bagehot en 1837 : « Tout banquier sait que s'il doit prouver qu'il est solvable, aussi juste que soit son argumentaire, son crédit en fait n'existe plus. » Bear Stearns se débat pendant un mois où, jour après jour, sa situation empire. Le 16 mars, Jimmy Cayne est aux abonnés absents : il dispute le championnat américain de bridge et a tout simplement coupé son téléphone pendant plusieurs jours pour mieux se concentrer ! Sa banque est en faillite.

La Fed, pour éviter un risque systémique, organise le sauvetage de Bear Stearns en enjoignant à JP Morgan de la racheter. C'est le premier gros accroc à la

« main invisible du marché » et à la sacro-sainte non-intervention de l'État de ce côté de l'Atlantique. La Fed éponge les dettes de Bear Stearns en injectant 30 milliards de dollars du budget de l'État. Le 25 mars 2008, JP Morgan, qui a le statut de banque de dépôts *(commercial bank)*, signe la transaction pour la somme ridicule de 1,4 milliard de dollars. Les médias désignent Jimmy Cayne comme « le pire chef d'entreprise américain de tous les temps ». Mais cela ne l'empêche pas de toucher pour l'année, à côté d'un modeste salaire fixe de 250 000 dollars, une prime et autres bonus de 40 millions de dollars !

La crise est finie ? En réalité, elle ne fait que commencer.

20

Le bouquet final

Malgré l'incertitude sur le front de la finance américaine, l'économie réelle continue à bien se porter. La consommation ne fléchit pas. Les cours mondiaux des matières premières, soutenus par une demande mondiale importante (merci la Chine !), atteignent des hauteurs sans précédent. Le baril de pétrole monte à 150 dollars en juillet 2008, alors qu'il était à 60 dollars dix-huit mois plus tôt.

Le 3 septembre 2008, la Bourse de New York décroche brutalement et, à sa suite, tous les marchés financiers mondiaux. Le 7 septembre, l'État américain se résout à nationaliser les deux grands organismes de garantie des prêts hypothécaires, Fannie Mae et Freddie Mac, qui sont les clés de voûte du système immobilier américain, et qui garantissent à eux seuls 6 trillions de dollars de prêts immobiliers aux particuliers, dont une masse impressionnante de subprimes défectueuses.

Le dimanche 15 septembre, après un week-end de folie où les repreneurs potentiels se défilent les uns après les autres, le secrétaire au Trésor Henry Paulson, lui-même ancien président de Goldman Sachs, prend la décision irrémédiable de laisser Lehman Brothers à son triste sort. À minuit, Dick Fuld signe la déclaration de banqueroute et se met sous la protection du chapitre 11 de la loi américaine sur les faillites.

Jusqu'alors, on était toujours venu à la rescousse des grandes banques pour éviter la contamination systémique. La doctrine du *too big to fail* (trop gros pour faire défaut) avait toujours justifié l'« aléa moral » (*moral hazard*) consistant à sauver au dernier moment les piliers du système financier, afin que le système ne puisse s'écrouler tout entier. Ce n'était pas très moral, certes, de laisser les profits au secteur privé quand il y en avait, et de mutualiser les pertes quand il n'y en avait plus. Mais c'était une mesure de bon sens économique. Les États-Unis y avaient recouru en 1989 avec leurs caisses d'épargne, comme la France avec le Crédit lyonnais en 1992.

On estime aujourd'hui que le sauvetage de Lehman aurait coûté une cinquantaine de milliards de dollars, un chèque de plus – et pas le plus gros – parmi tous ceux signés par le gouvernement américain au cours de ce mois de septembre fou. C'est pourtant le contraire que Henry Paulson décide. C'est la plus grande faillite de l'histoire américaine : 700 milliards de dollars d'actifs ! Le monde est stupéfait. La tempête financière prend alors l'allure d'un ouragan.

Aurait-il fallu sauver le soldat Lehman ? La vulgate affirme constamment que Henry Paulson a déclenché un désastre mondial depuis ce dimanche fatidique, sous-entendu que ce désastre n'aurait pas eu lieu s'il avait pris la décision contraire. Mais l'incendie était déjà dans toute la maison avec l'effondrement de la Bourse et, à quelques jours d'intervalle, les faillites de

Fannie Mae, Freddie Mac, AIG, et de tout le château de cartes financier dans lequel Lehman n'était que la quatrième des banques d'affaires. Si on l'avait sauvé, la panique financière aurait-elle été enrayée, alors que l'ensemble du système se retrouvait collé avec des trillions de dollars de produits toxiques ? Le Congrès américain aurait-il eu l'électrochoc qui le poussera peu après à voter un plan de renflouement massif du système financier ? N'aurait-on pas envoyé un message désastreux d'« aléa moral » suivant lequel on pouvait continuer à danser en rond ? Henry Paulson, dans ses Mémoires, indique de surcroît d'autres raisons plus techniques et juridiques soulignant qu'il n'était tout simplement pas en son pouvoir de sauver Lehman. On ne peut escamoter ce débat, bien qu'il soit devenu théorique parce que l'histoire est passée.

Le 17 septembre, le plus grand assureur mondial, AIG (American International Group), tombe à son tour. AIG fait bien plus que de l'assurance. Il est en fait devenu un gigantesque trust financier attrape-tout, gorgé de CDOs douteux pour 400 milliards de dollars. La position de Henry Paulson a d'abord été de laisser tomber AIG. Mais deux jours après le cyclone Lehman, et considérant les dizaines de millions de ménages et d'électeurs qui vont se retrouver à quai, il décide cette fois d'injecter 85 milliards de dollars dans AIG. C'est la première intervention. Comme cela ne suffit pas, on injectera au total dans AIG pas moins de 182 milliards de dollars, directement sortis de la poche du contribuable. Mais le groupe d'assurances finira tout de même par être démantelé en 2009.

Le 19 septembre, George W. Bush annonce un plan de sauvetage de 700 milliards de dollars appelé TARP *(Trouble Assets Relief Program).* Mais les atermoiements du Congrès américain diffèrent les votes de ce plan, en le vidant en grande partie de sa substance. D'ailleurs, 700 milliards de dollars suffisent-ils pour purger le système financier des « produits toxiques » ? On estime déjà, à l'époque, que lesdits produits se montent sans doute à 2 trillions de dollars. Et on est en dessous de la vérité, puisque le Fonds monétaire international les chiffrera plus tard au double.

Le 21 septembre, Merrill Lynch négocie à l'arraché sa reprise par Bank of America pour 50 milliards de dollars, avec d'amicales pressions du gouvernement sur cette banque. Le même jour, Goldman Sachs et Morgan Stanley obtiennent de passer sous le régime des banques commerciales, moins libéral mais offrant des garanties plus solides. Les cinq premières banques d'affaires de Wall Street n'existent plus.

La suite est une vague déferlante qui touche toutes les banques de la planète, parce que beaucoup d'entre elles sont plombées par les produits toxiques qui ont tout infiltré dans l'entrelacs inextricable du système mondial, et que plus personne ne prête à personne, car on n'a aucune idée de ce qu'il y a dans la boîte noire du confrère. Les Américains souffrent en premier : la banque Washington Mutual tombe le 25 septembre. Wachovia le 29. Puis c'est le tour des européennes : Hypo Bank en Allemagne, Bradford et Bingley en Angleterre, Fortis en Hollande et en Belgique, Dexia en France et en Belgique. En attendant la chute d'institutions comme Royal Bank of Scotland au Royaume-Uni. La panique est à son comble.

Aux États-Unis, le géant Citigroup, première banque du monde, passe d'une capitalisation boursière de 255 milliards de dollars deux ans auparavant à 19 milliards. Exit Citigroup, qui est démantelé en deux entités en janvier 2009. Le système bancaire américain est en pièces. Le système britannique a pratiquement été rayé de la carte, avec l'État comme ultime planche de salut. Des pays souverains comme l'Islande sont en faillite, suivis par d'autres.

Pourtant, au nom de contrats de travail déjà signés, les traders de Lehman Brothers empochent, un mois *après* la mise en faillite, 400 millions de dollars. Dick Fuld obtient pour sa part 64 millions, mais il passera un sale quart d'heure devant la commission d'enquête du Sénat. Plus fort : Robert Willumstad avait été embauché en juin 2008 par AIG comme nouveau président avec un cadeau de bienvenue *(golden hello)* de 7 millions de dollars. Il en part trois mois plus tard avec un parachute doré du même montant. Encore plus fort : Alan Fishman, embauché par la banque Washington Mutual fin août 2008 pour 7 millions de dollars, quitte le navire en septembre avec un parachute doré de 6 millions, soit la modique somme de 13 millions de dollars en vingt-cinq jours !

John Thain, le patron de Merrill Lynch, en dépit de ses pertes abyssales de 27 milliards de dollars pour 2008, se permet d'octroyer en douce 3,6 milliards de dollars de primes à ses traders (700 cadres toucheront plus d'un million de dollars) ! Il y laissera sa place, non sans avoir réclamé pour lui-même 35 millions de bonus, que le conseil d'administration lui refusera tout en le licenciant. Pendant le naufrage du *Titanic* financier, le bal continue à Wall Street. Fin 2008, les yuppies de la finance se partageront 18 milliards de dollars de primes et autres bonus !

Le Septembre noir de Wall Street marque le début d'une des plus grandes crises économiques jamais vues.

21

Le château de cartes s'écroule

La crise va dégénérer en récession économique majeure par un enchaînement qui porte un nom banal : confiance.

Le premier indicateur est la Bourse, qui s'effondre lorsque les anticipations sont mauvaises. Entre septembre et octobre 2008, l'indice Dow Jones à New York chute de 25 %. Même score pour le Cac 40 à Paris. Le Nikkei de Tokyo plonge de 35 %. En l'espace d'une année, de novembre 2007 à novembre 2008, l'ensemble de la capitalisation boursière mondiale est passé de 62 à 22 trillions de dollars : 40 trillions de dollars – trois fois le PIB annuel américain – se sont évaporés. Où ? Nulle part ! Comme l'eau de la mer qui part dans les nuages.

Les banques américaines – dont le bilan total est équivalent au PIB du pays – sont sinistrées. En deux ans (de janvier 2007 à janvier 2009), leur capitalisation boursière passe de 255 à 19 milliards de dollars pour Citigroup, de 100 à 35 pour Goldman Sachs, de 165 à 85 pour JP Morgan. On calculera plus tard que les pertes et dépréciations d'actifs des banques ont coûté 900 milliards de dollars aux États-Unis,

600 milliards en Europe continentale, 450 milliards en Angleterre ! Seules les banques chinoises, isolées derrière leur grande muraille, sont indemnes.

Dès la fin du mois de septembre 2008, les banques cessent de prêter aux entreprises, en particulier aux PME. Le spectre des faillites et du chômage commence à hanter les esprits. Les particuliers se mettent à paniquer, malgré les déclarations apaisantes des ministres des Finances. Mais la confiance ne se décrète pas. Chacun se replie sur soi et tente de sauver les meubles au jour le jour. Les États-Unis sont sonnés. Le 1er octobre, l'Irlande annonce unilatéralement une garantie de tous ses dépôts en banque.

L'Europe se réveille. Le président en exercice de l'Union européenne, Nicolas Sarkozy, convoque un sommet d'urgence le 4 octobre. Mais dès la fin de cette réunion à l'Élysée, où l'on s'est promis d'agir ensemble, la chancelière allemande Angela Merkel rentre à Berlin et annonce le soir même, sans concertation aucune, la garantie des dépôts bancaires allemands. Cela provoque en Europe une explication de texte orageuse. Le dimanche 5 octobre, les ministres des Finances européens annoncent de conserve la garantie des dépôts bancaires. On espère de cette annonce un sursaut des marchés financiers. Mais le lendemain, l'ensemble des Bourses poursuit son effrayante plongée. Le mercredi 8, les sept ministres des Finances des plus grands pays (y compris la Chine) annoncent une baisse substantielle des taux d'intérêt, en espérant provoquer un choc de confiance mondiale. Le jeudi 9, le Premier ministre Gordon Brown nationalise les banques britanniques. On se revoit le 11 à Washington, puis le 12 de nouveau au palais de l'Élysée. Cette fois, on garantit l'ensemble du marché des prêts interbancaires, afin de faire redémarrer les banques et le financement de l'économie.

L'opinion publique n'y comprend pas grand-chose, en rien éclairée par des manchettes à sensation : « 360 milliards d'euros donnés aux banques françaises, 400 aux banques allemandes » ! Haro sur les banquiers ! Mais il ne s'agit en aucun cas d'un don, seulement d'une limite maximale garantie par l'État, que les banques peuvent mobiliser en dernier ressort, en payant pour ce prêt 8 % d'intérêts. C'est une mesure beaucoup plus psychologique que financière, destinée à restaurer la confiance. Quand on fera les comptes à tête reposée, on calculera que, dans l'année qui suit, les banques françaises n'ont tiré que 11 milliards d'euros sur les 360 disponibles… et que l'État a fait un coquet bénéfice sans qu'il lui en coûte rien. Enfin, le lundi 13 octobre, les Bourses se décident à rebondir (+ 12 % à Paris, + 14 % à Londres ?). Mais la purge va en réalité continuer sur les marchés financiers jusqu'au printemps 2009.

Puisque la crise est devenue mondiale, il faut donner une réponse politique mondiale. Ce sera la réunion des vingt chefs d'États les plus importants de la planète, à Washington, le 15 novembre. Pour la première fois, les grands pays émergents font leur entrée dans ce club des puissants. La Chine, bien sûr, et aussi le Brésil, l'Inde et quelques autres. Ce G20 va s'institutionnaliser et commencer à aborder les vrais sujets qui fâchent lors de ses réunions de 2009. Mais il ne faut pas trop demander à une assemblée composée de pays si différents, d'autant d'intérêts égoïstes nationaux. Le Fonds monétaire international, lui, dirigé par Dominique Strauss-Kahn, se voit confier la tâche de voler au secours des pays qui sont en voie d'implosion financière du fait de la crise : l'Islande, la Hongrie, l'Ukraine, le Pakistan et bien d'autres.

La machine infernale de la récession est enclenchée malgré les efforts des gouvernements les plus responsables. Les premières entreprises à souffrir sont celles de l'automobile, et surtout leur myriade de sous-traitants et autres équipementiers. Les bassins d'emploi sont touchés les uns après les autres. Les ventes de voitures s'effondrent : – 40 % aux États-Unis, – 20 % en Europe au cours du dernier trimestre 2008. General Motors est à genoux et demande 34 milliards de dollars à Washington. Mais les grands barons de l'automobile américaine n'ont pas la manière : voler depuis Detroit dans leurs jets privés luxueux n'est pas la meilleure façon d'apitoyer l'opinion publique. Main Street, la presse, le Congrès font leurs choux gras de ce manque élémentaire de psychologie. GM n'obtiendra que 17 milliards de prêts en décembre, après une rude mise en accusation du Sénat.

Aux États-Unis, on redécouvre le charme de la relance keynésienne pour éviter les errements catastrophiques de la crise de 1929. Le slogan devient « *spend, spend, spend* » (« dépensez... »). On se met à engager des sommes folles, directement prélevées sur les impôts des citoyens : 700 milliards de dollars pour le plan TARP déjà cité, 500 milliards pour purger les actifs toxiques des banques, 787 milliards pour le plan de relance d'Obama en février 2009. Auxquels on ajoute 182 milliards pour AIG, 148 pour Fannie Mae et Freddie Mac, et bien d'autres. Comme le dit un sénateur : « La main invisible du marché est dans la poche du contribuable ! »

Le New Deal du président Roosevelt dans les années trente avait coûté la bagatelle de 50 milliards de dollars (à la valeur actuelle). Le Plan Marshall, après la Seconde Guerre mondiale, avait sollicité 100 milliards de dollars. Aujourd'hui, c'est en trillions (mille milliards) de dollars qu'il faut compter. Les montants cumulés donnent le vertige.

En Europe aussi on a battu le rappel. La Commission européenne fera le calcul plus tard : en équivalent-dollar, 6 300 milliards de dollars ont été mobilisés pour tenir au secteur financier la tête hors de l'eau de 2008 à 2010. L'Angleterre arrive en tête (1 170 milliards de dollars), mais cela ne représente « que » 53 % de son PIB, ou 24 % pour l'Allemagne (810 milliards). Pour les petits pays, les sommes sont astronomiques. Elles représentent 430 % du PIB pour l'Irlande, 270 % pour le Danemark. Encore une fois, ce ne sont pas des sommes en cash, mais aux trois quarts des garanties. Il n'empêche.

Les déficits se creusent de manière abyssale. On les finance par la bonne vieille planche à billets : le Trésor américain émet des obligations en priant le ciel que certains les achètent. Heureusement que les Chinois sont là. Forts de leurs énormes réserves, ils se mettent à souscrire massivement lesdits bons du Trésor. Fin 2009, ils en détiennent 800 milliards de dollars ! Pourquoi agissent-ils ainsi ? Ces bons du Trésor sont un placement sûr qui rapporte 5 % d'intérêt garanti, tant que l'État américain n'est pas en faillite, ce qui est peu probable. Et puis les Américains, pensent-ils, mettront en sourdine leurs doléances sur le déficit commercial gigantesque avec la Chine : on ne mord pas la main de son banquier ! Sur ces deux points, les Chinois ont raison et l'on assiste à ce spectacle étonnant d'un pays émergent qui finance une Amérique qui vit à crédit.

Le chômage monte de façon continue. Aux États-Unis, il passe en seize mois de 5 % à 10 % de la population active. Même si quelques signes de reprise économique transparaissent dans les derniers mois de 2009, la situation sociale s'aggrave, par un effet de « viscosité » du marché de l'emploi. Grâce, pourtant, aux plans de relance, le PIB américain ne se contracte « que » de – 2,6 % en 2009. On est donc passé de justesse à côté de la récession brutale de la crise de 1907 (– 15 % en 1908), ou de la terrible dépression consécutive à 1929. Mais, en contrepartie, le déficit budgétaire américain explose de 3 % du PIB en 2007 à 10 % en 2009 (1 450 milliards de dollars), soit la moitié du PIB de la France à financer chaque année.

Ailleurs, l'impact de la crise est à géométrie variable. Comme le commerce international s'effondre pour la première fois depuis quarante ans, les exportations de l'usine du monde, la Chine, plongent également. Les autorités locales déclenchent un plan de relance massif de 580 milliards de dollars sur deux ans, très bien mené, qui permet à la Chine de sortir la tête haute de la crise mondiale avec 8,7 % de croissance en 2009. Avec ses voisins indien et indonésien, c'est bien la seule zone du monde relativement épargnée. La Russie, très dépendante de ses matières premières et sans relai industriel crédible, implose : – 9,5 % de décroissance en 2009. Le Japon se contracte de – 6 %. L'Allemagne hoquette (– 4,7 %), la France un peu moins (– 2,6 %). L'Angleterre (– 4,9 %) paie ses années d'euphorie au prix fort.

Y a-t-il des vainqueurs dans cette crise ? Oui, mais ils se font discrets. Ce sont tous ceux qui disposent de liquidités et qui en profitent pour faire leur marché. Ce qui suppose qu'ils n'aient pas été pris dans les griffes des subprimes ou des produits toxiques. Warren Buffett, quatre-vingts ans, « le sage d'Omaha », s'est toujours méfié des produits dérivés, qualifiés par lui d'« arme financière de destruction massive ». Bien que ses placements boursiers souffrent un peu, il dispose encore de beaucoup de cash. Il va investir massivement dans l'économie réelle en 2009 : 26 milliards de dollars pour la compagnie de chemins de fer Burlington Northern, des tickets substantiels dans Exxon, Wal-Mart ou Nestlé. En Europe, BNP-Paribas réussit à absorber Fortis et devient la première banque de dépôts d'Europe continentale.

Quant à JP Morgan, la maison a, elle aussi, passé la crise sans trop de casse. Son président, Jamie Dimon, ne vient pas de l'univers du trading. C'est un prudent banquier classique et un rigoureux gestionnaire. Dès le début de 2007, il a entrepris de sortir sa banque du sulfureux marché des subprimes. Il n'a jamais cédé à l'engouement des produits dérivés. C'est même lui qui a donné le coup de pied de l'âne à Lehman Brothers sans états d'âme, en bloquant sur le marché 17 milliards de dollars de titres douteux de son concurrent trois jours avant sa déconfiture. Avec son solide bilan, Morgan continue à régner au pinacle de Wall Street.

Last but not least, les hedge funds continuent à danser. Peu exposés aux tourbillons des banques d'affaires, ils ont dans l'ensemble tiré leur épingle du jeu, et même beaucoup mieux : Medallion produit pour l'année 2008 un rendement financier de 84 %, Clive de 44 %, Bluetrend de 43 %... Bernard Madoff, avec ses 12 %, ferait presque figure de gagne-petit !

QUATRIÈME PARTIE

LE GÉNÉRAL ET LE BARBARE

« *Imperatorem me mater,*
non bellatorem peperit. »
(« Ma mère a donné le jour à un général,
pas à un guerrier. »)

Scipion l'Africain (203 avant J.-C.)

22

Le métier de banquier

Un arrêt sur image s'impose. Pourquoi en est-on arrivé là ? De quelle maladie mortelle le système financier a-t-il été atteint pour imploser ainsi ? Sur quelles bases saines devrait-il être refondé ? Revenons un peu sur la raison d'être des professions financières, comme à l'école.

Sans banques, il n'y aurait tout simplement pas d'économie, ni d'industrie, ni d'entreprises. Si le crédit vient à s'essouffler, comme en période de crise, la thrombose est proche. Mais qu'est-ce qu'une banque ? Comment la mécanique fonctionne-t-elle ? Pourquoi y a-t-il différentes sortes de banques et quels risques prennent-elles ?

Le métier de la banque est une invention assez récente, il date grosso modo de la fin du XVIIIe siècle. Auparavant, il y avait des changeurs, avec des réseaux et des lettres de change, mais pas de banques à proprement parler. L'essor de la banque est lié à l'essor du capitalisme. Il faut en effet lever du capital pour investir, produire et générer de la plus-value qui pourra être réinvestie. C'est là que la banque joue un rôle essentiel : elle draine l'épargne et prête aux entrepreneurs qui veulent créer une activité économique.

Par sa nature même, une banque prend forcément des risques. D'abord, celui dit de « transformation ». Pas celle de plomb en or bien sûr, mais de court terme en long terme. C'est sa fonction même. La plus grande part des dépôts d'une banque sont à court terme, exigibles immédiatement. Le rôle d'une banque est de capter cette épargne et de la prêter à moyen et long terme à des fins d'investissement : ce faisant, elle « transforme » une multitude de petits dépôts à court terme en prêts à long terme significatifs.

Les banques se procurent des dépôts de deux manières. La première consiste à drainer des dépôts d'une clientèle de particuliers ou d'entreprises. C'est en grande partie à cela que sert un réseau bancaire. Mais la plupart des banques ont besoin de plus d'argent que ne leur en procurent leurs réseaux. Il leur faut donc aller emprunter sur le marché interbancaire : c'est la seconde manière. Les banques se prêtent constamment entre elles, les unes ayant, à un moment donné, des excédents de fonds, les autres ayant des besoins. Certaines sont aussi des prêteurs naturels par construction, comme la Caisse des dépôts et consignations en France. Il existe également des variantes : une grande partie des sommes prêtées aux banques le sont via des fonds spécialisés de marchés monétaires *(money market funds)* qui collectent des dépôts provenant soit d'entreprises, soit d'investisseurs institutionnels, soit de particuliers, pour les reprêter aux banques.

Dès qu'il y a un prêt, il y a par nature un risque, qui se mesure par le taux d'intérêt. Une banque prête toujours à un taux supérieur à celui auquel elle se refinance. C'est du moins le calcul qu'elle fait. Mais si le taux de refinancement en vient à augmenter trop, elle se met à perdre de l'argent. Dans les années soixante-dix, par exemple, Jean Saint-Geours entraîna l'infortuné Crédit lyonnais au bord de la déroute en prenant délibérément de grandes quantités de risques de transformation. Il était convaincu que les taux allaient baisser, mais ils montèrent, ce qui fit plaisamment dire à l'époque, dans les salons feutrés des conseils : « Il aura fallu cent ans pour faire le Crédit lyonnais et Saint-Geours pour le défaire ! »

Bien entendu, la banque prend également un « risque de crédit ». Si le client est un mauvais payeur, le risque de la banque est en effet exposé en première ligne. Un banquier traditionnel refuse donc un prêt beaucoup plus souvent qu'il ne l'accorde. Sa vertu première, qu'il soit directeur général ou chef d'agence, est d'être d'une insigne prudence.

Fred Schwed, banquier new-yorkais lui-même, parle de ses collègues dans le délicieux livre qu'il publie en 1940, *Where are the customers' yachts ?* : « Le banquier classique est un spécimen remarquable, rayonnant d'une aura satisfaite qui lui vient de sa modération quand il mange, qu'il boit ou qu'il pense. Il passe sa vie solennellement assis à dire, avec des modulations étudiées et dans des situations variées : "Non." Le banquier classique ne dit "oui" qu'en de très rares occasions. Sa règle est qu'il réserve ses "oui" pour des institutions tellement riches que, s'il disait "non", quelque autre banquier dirait "oui" sans délai. Son métier peut être défini comme celui de prêter de l'argent exclusivement à des gens qui n'en ont aucun besoin pressant. Il est impensable que votre banquier prudent se précipite sur des spéculations hasardeuses dans l'euphorie générale d'un boom périodique. Cependant, voir des freluquets faire fortune en Bourse pendant deux ou trois ans perturbe les âmes les mieux trempées. Il se risque donc timidement, comme ces vieilles bonnes encore demoiselles qui s'essayent au rouge à lèvres dans l'intimité de leur chambre. Mais il se reprend vite et, en se reprochant ce moment furtif d'humaine faiblesse, retrouve la politique qu'il applique depuis trente ans : écouter avec une exquise attention et dire “non” ! »

En plus des deux risques précédents, existe aussi celui que les déposants prennent peur et demandent tous ensemble qu'on leur rembourse leurs dépôts. C'est impensable ? Pourtant, on a vu des queues insensées sur les trottoirs de la banque Northern Rock, au Royaume-Uni, en 2007, au moment de la crise des subprimes. Peu importe que, dans la plupart des pays développés, existent des systèmes de protection des petits déposants. Ce qui est au départ une simple rumeur peut devenir une prophétie qui s'autoréalise dans une panique incontrôlable. Pour conjurer la gangrène, l'État britannique nationalisera Northern Rock dans l'urgence. Rien n'est plus précieux pour une banque que sa réputation et la confiance qu'elle inspire. Sans confiance, pas de système bancaire.

Voici pour la banque classique, que l'on appelle en France banque de dépôts et dans le monde anglosaxon *commercial bank*, et que chacun connaît au coin de sa rue : BNP-Paribas, Société générale, HSBC,

Barclays. Mais il existe une seconde catégorie très différente : les banques d'affaires, dites en anglais *investment banks*, qui ne s'intéressent pas aux particuliers mais aux entreprises.

Comment une entreprise peut-elle se financer ? De deux manières : soit en contractant un prêt auprès d'une banque de dépôts, soit en émettant des obligations ou des actions qui sont achetées par le « public ». Les obligations *(bonds)* sont des titres qui génèrent un revenu fixe. Elles sont cotées en Bourse et leur cours évolue en sens inverse de l'évolution des taux d'intérêt : quand les taux d'intérêt montent, le cours des obligations descend, et vice versa. Si les taux d'intérêt montent de 4 % à 5 %, les nouveaux revenus (ou coupons) seront de 5 %. Pour que les obligations déjà émises à 4 % rapportent 5 %, il faut que leur prix baisse. C'est un mécanisme simple. Les actions *(equities)* sont d'une autre nature. Le détenteur d'une obligation est un créditeur, le détenteur d'une action est un propriétaire. L'actionnaire, en tant que propriétaire, prend le risque de toucher un revenu variable, qui peut être substantiel quand tout va bien, mais aussi être nul quand cela va mal.

Les banques d'affaires font en permanence des paris sur lesquels elles peuvent se tromper. Par exemple sur le prix. Déterminer le « coupon » d'une obligation est un travail de spécialistes très pointu. La banque est prise entre deux feux : d'un côté, l'émetteur (le client) veut payer le coupon le plus bas possible ; d'un autre côté, l'investisseur veut recevoir le coupon le plus élevé possible. Grâce aux instruments modernes de gestion financière, il est possible d'optimiser tous ces paramètres. Par exemple, émettre en euros ou en dollars et « swaper » (au sens strict : échanger) le produit de l'émission dans une devise tierce. La banque gagne alors de l'argent à la fois sur l'émission obligataire et sur le swap.

En outre, même si la banque ne se trompe pas sur le prix, le marché peut bouger entre la signature de l'opération et son exécution. Il se passe très peu de temps entre ces deux événements, et le risque est minime. Mais il peut arriver que le marché décolle brutalement. Un événement inattendu (l'attentat du 11 septembre 2001) ou une forte rumeur de décision de la Fed peuvent survenir. Si les taux bougent brutalement, c'en est fait d'un *pricing* soigneusement calculé et la banque se retrouve scotchée !

De même, la banque peut mal évaluer les risques, se tromper sur la qualité de l'émetteur – une société proche de la faillite, par exemple – et se retrouver avec un papier invendable. Jusqu'à la crise des subprimes, ce scénario était tout de même rare, du moins dans les grands pays développés.

Le monde bancaire a été strictement séparé entre banques de dépôts et banques d'affaires depuis 1933, par l'application stricte de la loi fondatrice voulue par Roosevelt après la crise de 1929 (le *Glass-Steagall Act*). Les stratèges du système monétaire international, à Bretton Woods en 1944, ont confirmé qu'il fallait garder le tigre financier en cage. Cette séparation stricte des deux métiers de la banque, cette typologie des opérations confiées à l'une ou à l'autre, est le bon sens même. Mais la camisole va craquer, car les banquiers d'affaires – du moins certains d'entre eux – vont prendre le pouvoir en marginalisant les banquiers classiques. Et ils vont faire évoluer leurs activités bien au-delà des émissions classiques d'actions ou d'obligations, dans une créativité spéculative sans limites. C'est le nœud de la grande crise de 2008.

23

La bataille d'Andrinople

Le cataclysme de 2008 s'est déjà produit dans un passé ancien, exactement pour les mêmes raisons. En 2008, des *investment bankers* de Wall Street ont enfoncé les banquiers classiques jusqu'à la déroute. En l'an 378, un général romain s'est laissé subvertir par un Barbare de son propre camp, précipitant la défaite d'Andrinople qui fut le chant du cygne de l'Empire romain. C'est quand on piétine les principes que l'on se précipite vers l'abîme, quand le général prudent s'efface devant le Barbare avide de gloire. Le général romain de 378 était Victor et le Barbare, Sebastianus. Le général moderne ressemble à Pete Peterson, le Barbare à Dick Fuld.

Andrinople est une cité de la grande province de Thrace, aux confins actuels de la Turquie, de la Bulgarie et de la Grèce. C'est une région frontière de l'Empire romain, entourée des vastes territoires des Goths. Les Goths sont certes des Barbares (littéralement « gens de l'extérieur »), mais ils se sont installés paisiblement depuis longtemps en Thrace et y ont été bien acceptés. Cependant, les collecteurs d'impôts romains ont entrepris petit à petit de les racketter et ils se sont soulevés. Ils mènent des actions violentes depuis deux ans, avec à leur tête un chef brillant, Fritigern, qu'aucun général romain n'a pu mater. Décidé à en finir, l'empereur romain d'Orient Valens, résidant à Constantinople, a mis son armée en marche pour mater les rebelles.

L'armée romaine est, par tradition, disciplinée et surtout extrêmement lente. L'infanterie n'est pas en apparence très brillante et personne ne s'y couvre de gloire individuelle, mais c'est un rouleau compresseur d'une folle puissance. C'est cette lenteur même qui a toujours fait sa force, ce respect strict des procédures tatillonnes. Un général romain est d'abord un chef qui applique mot à mot le règlement, pas un héros. En campagne, quoi qu'il arrive, quelles que soient les circonstances, l'armée s'arrête de marcher en début d'après-midi et passe ensuite trois heures, tous les jours, à creuser des tranchées et à dresser des palissades pour protéger son camp durant la nuit. Grâce à cette organisation, l'armée romaine a maintenu le plus vaste et le plus long empire de la terre.

Valens a prévenu son homologue, l'empereur d'Occident Gratien, résidant à Rome, et l'armée de Gratien a entrepris un long voyage pour aller renforcer Valens. Mais elle tarde à arriver. Le 8 août, Valens préside un conseil de guerre. Deux thèses s'opposent. Le commandant opérationnel, Victor, vrai général romain, plaide la prudence : puisque Gratien va arriver avec ses nombreuses troupes, on sera sûr de vaincre. Victor est un Sarmate, un immigré venu des steppes, mais il a été éduqué à la romaine et est devenu plus romain que les Romains : temporisateur et respectueux des procédures jusqu'à l'ennui.

Mais les faucons ne l'entendent pas ainsi, emmenés par le fougueux Sebastianus. Romain de souche, considéré comme le meilleur commandant de son temps, redoutable au combat, chef juste et droit, aimé de ses soldats, il a formé une troupe de trois mille hommes parfaitement entraînés et a mené de terribles opérations de commandos contre les Goths. Il admire au fond les qualités d'engagement et de bravoure de ses ennemis et en est venu à fonctionner comme eux. Sebastianus est devenu un guerrier barbare ! Ce jour-là, il estime que les Goths sont inférieurs en nombre et qu'il peut donc attaquer tout de suite pour recueillir seul la gloire de la victoire. Paradoxe : Victor le Sarmate prône la prudence romaine. Sebastianus le Romain prône l'impétuosité barbare ! Valens penche pour Sebastianus. Il décide de livrer bataille le lendemain.

Le 9 août 378, les Romains et les Goths se font face dans la plaine d'Andrinople. En bonne armée romaine, l'infanterie attend le moment de l'attaque, stoïque comme à son habitude, pas très inquiète de l'armée des Goths, qui n'a pas l'air si impressionnante. La force et le nombre semblent à l'évidence à l'avantage des Romains. Mais il se produit alors quelque chose d'extraordinaire, que personne n'avait prévu. Des milliers de cavaliers alliés des Goths, qui étaient partis au loin chercher du fourrage, reviennent au camp à ce moment précis. Les éclaireurs romains avaient recensé dix mille Goths avant la bataille, mais ils ne connaissaient pas l'existence de cette cavalerie. Voyant leur camp attaqué, la troupe charge la cavalerie romaine et l'anéantit.

Les fantassins romains se voient encerclés par la cavalerie ennemie. Ce sont des professionnels : ils résistent à un assaut, puis au deuxième, puis au troisième, mais finissent par plier sous le nombre. Les évaluations romaines étaient dramatiquement erronées. Les Goths et leurs alliés disposaient en fait de cent cinquante-cinq mille hommes, alors que les Romains n'en alignaient (sans Gratien) que cinquante-sept mille, cavaliers, fantassins et auxiliaires compris. Les pertes sont estimées à quarante mille hommes pour les Romains, dont l'empereur Valens lui-même et Sebastianus. Andrinople est la pire défaite de l'Empire romain, la bataille finale dont il ne se relèvera jamais. Les Barbares n'ont plus d'opposition. En 410, le Wisigoth (« Goth de l'Ouest ») Alaric met Rome à sac. L'Empire romain a vécu. C'est à Andrinople que les verrous ont sauté.

Tout rapproche Pete Peterson du général Victor. Tout rapproche Dick Fuld du Barbare Sebastianus. Peterson a sauvé Lehman Brothers en 1975. Fuld l'a coulé en 2008.

Peterson n'est pas né, en 1926, avec une cuiller en argent dans la bouche. À Kearney (Nebraska), son père Georgios Petropoulos est un pauvre immigrant grec qui lave la vaisselle pour survivre. Soucieux de s'intégrer, il a américanisé son nom. Le fils est intelligent et travailleur. Il réussit son MBA à l'université de Chicago, puis entame une carrière fulgurante. Dès 1963, il devient P-DG de la grande firme d'optique Bell & Howell. Il fréquente les cercles du pouvoir, où il est fort estimé pour sa vision et sa sagesse, et devient en 1972 ministre du Commerce de l'administration Nixon. En 1973, le conseil d'administration de la banque Lehman Brothers vient le chercher pour le porter à la présidence de la firme. Il va, là encore, étinceler en restructurant la banque grâce à ses qualités de fond : la vision, la prudence du banquier de tradition, la stricte maîtrise des risques, l'attachement quotidien aux procédures de base. Il y ajoute une exquise courtoisie, y compris quand il refuse un prêt improbable. Le banquier traditionnel est très ennuyeux, mais finalement très efficace, comme l'armée romaine qui est très lente mais qui maintient un empire. Peterson est un vrai général romain, et comme Victor le Sarmate, Peterson le Grec est admis dans les cercles les plus huppés : il est devenu un WASP d'honneur !

Comme Victor, qui avait gagné tant de batailles, il a remis Lehman au pinacle de la rentabilité et de la respectabilité pendant ses dix ans de présidence. Et il finit par être brutalement évincé par un chef de commando en 1984. Mais sa carrière ne se termine pas là. En 1985, il devient président du prestigieux Conseil des affaires étrangères et président de la Fed de New York en 2000. Après son éviction de Lehman, il a créé le fonds financier Blackstone, qui prend des participations dans toutes sortes d'affaires de grande envergure. Il traverse la crise de 2008 sans encombre. Grâce à la réussite de Blackstone, il est crédité d'une fortune personnelle de 2,6 milliards de dollars, et en donnera un milliard à des œuvres charitables. Aujourd'hui, à quatre-vingt-quatre ans, ce patricien unanimement respecté fait figure de grand sage de Wall Street, vers qui l'on se tourne lorsqu'il s'agit de ramener la turbulence du système financier à la raison. Sans doute plane-t-il trop haut pour se réjouir du malheur de celui qui l'avait évincé de Lehman, le « Barbare » Dick Fuld, descendu depuis aux enfers.

Richard Severin Fuld (« Dick ») a vingt ans de moins que Peterson. Né dans la bonne classe moyenne juive de New York, il est toujours resté dans sa ville – à l'exception de sa courte période de pilote de chasse –, d'abord en décrochant un MBA de l'université du même nom, puis en entrant chez Lehman en 1969 comme on entre en religion, pour y faire toute sa carrière. C'est un travailleur acharné, très fort technicien, meneur d'hommes. Austère dans ses mœurs, il est intraitable sur les questions de morale. Fidèle dans son mariage, il expulse sur-le-champ les employés soupçonnés d'infidélité conjugale. Ce moine-soldat, qui a démarré dans le trading pour y passer quarante ans, mène ses troupes en commandos dans les coups brillants des salles des marchés de la banque, où il prend le pouvoir au tournant des années quatre-vingt. Dick Fuld, c'est le triomphe absolu du trader, avec ses qualités et ses défauts.

Après les dix ans de transition de Lehman sous la houlette d'American Express, Fuld devient, en 1994, seul maître à bord. Il mène ses troupes à la cravache, se lance dans toutes les opportunités ouvertes par la déréglementation, prend d'énormes risques, n'hésite pas à manipuler des *leverages* insensés. À l'intérieur de la banque, il fait régner la terreur, son regard (« le regard de la mort ») pétrifie ses interlocuteurs, il vire ses collaborateurs d'un geste pour des vétilles. On le surnomme en catimini « le gorille », ce qu'il n'apprécie pas du tout. Il insulte, mange avec ses doigts, éprouve le plus grand mal à s'exprimer, encore plus à expliquer ses décisions.

Mais, dans les années 2000, il gagne un argent fou. Il a multiplié le cours de l'action par 20, ce qui éblouit toujours Wall Street. Il ne s'est pas oublié au passage, accumulant 500 millions de dollars dans sa cassette personnelle, ce qui permet à son épouse de constituer une des plus belles collections de tableaux de New York. En 2003, il est élu « meilleur banquier de l'année ». En 2006, « meilleur patron américain du secteur privé ». En mars 2008, six mois avant sa chute, il apparaît encore dans la liste des trente meilleurs P-DG américains.

Les deux dernières années de sa présidence, il finira totalement isolé au trente et unième étage de la tour Lehman, ne descendant pas une fois dans les étages. Et comme un joueur de casino, il élaborera seul des tactiques toujours plus improbables pour se refaire, jusqu'au désastre final. En 2007, il avait déclaré : « Tant que je serai vivant, cette firme ne sera jamais vendue. » Après sa faillite de septembre 2008, quand l'État refusa de le renflouer, il se lamenta : « Jusqu'au jour où on me mettra en terre, je me demanderai : Pourquoi ? » Le Barbare Sebastianus trouva la mort à Andrinople. Le « Barbare » Fuld trouva le déshonneur et la ruine à Wall Street. Ces deux grands professionnels, égarés par leurs premiers succès et par l'arrogance, avaient oublié les vertus de la prudence et de la raison.

24

L'accélérateur de particules

C'est le trading qui a précipité l'arrivée des Barbares dans le monde feutré des banquiers.

Au départ, il s'agit d'une activité fort louable de saine gestion bancaire, qui consiste à se couvrir de fluctuations certes risquées, mais inhérentes au métier. Quand, par exemple, une banque procure des devises à ses clients pour qu'ils puissent commercer au-delà des frontières, elle achète et vend des euros, ou des yens, ou des dollars. Elle doit constamment en disposer en grande quantité ou être prête à tout moment à en acheter si ses clients veulent lui en céder. Elle est donc obligatoirement exposée aux fluctuations du cours des devises, qu'elle le veuille ou non, et emploie des spécialistes des changes pour gérer ses positions. Le trading, à l'origine, n'est donc pas de la spéculation, il est l'essence même du travail d'une banque.

Après le divorce du dollar et de l'or en 1971, le flottement généralisé des monnaies crée dans le monde des changes de fortes perturbations. Désormais, le taux de change d'une monnaie devient une variable hautement imprévisible. Dans le même temps, la mondialisation provoque une explosion du commerce international, et donc des besoins en devises diverses et variées.

Certaines banques, n'intégrant pas bien les dangers de cette double mutation, se mettent à prendre des positions désordonnées. Une banque allemande de second rang, Herstatt, fait faillite à la suite de grosses pertes de change en 1973. C'est le scandale du moment, pour la somme – ridicule aujourd'hui – de 50 millions de dollars. Mais c'est un avertissement : le monde bancaire est désormais prévenu que l'on entre dans une période dangereuse. Les techniques pour se couvrir des risques vont alors prendre une importance majeure.

C'est un tournant capital, qui marque l'essor des produits dérivés et de la spécialisation à outrance des transactions sur des produits de plus en plus sophistiqués. Dans les banques, le centre nerveux des transactions, ou salle des marchés, va acquérir une importance croissante. Au début, les spécialistes pratiquent le trading au service exclusif de la banque et de ses clients. Et avec des moyens de communication qui feraient sourire aujourd'hui, où il est courant qu'un ordre d'achat ou de vente donné par téléphone à une autre banque soit confirmé par une horde de coursiers qui transportent un bon de paiement écrit à l'autre bout de la ville. Car il n'y a pas encore d'ordinateurs dignes de ce nom !

Dans les années soixante-dix, les salles des marchés ne sont en rien la partie la plus prestigieuse de la banque. C'est un monde populaire d'employés sortis du rang, un petit personnel à cent lieues des fonctions nobles de clientèle ou de direction générale. La direction fixe des limites à ne pas dépasser pour chaque activité, les positions maximum et les *stop-loss* : lorsqu'une position a atteint un niveau de pertes déterminé, il faut liquider la position et prendre sa perte. C'est presque une activité de routine.

Toutefois, certaines banques de second rang ont perçu les évolutions futures et vont tout miser sur le trading. Chez Salomon Brothers, par exemple, la salle des marchés devient dès cette époque le centre de gravité de la banque. Les spécialistes ne sont plus vraiment au service des clients. Ils passent leur temps à faire des « arbitrages », c'est-à-dire à vendre et acheter rapidement avec de petites différences de prix. Jusque-là, on ne prend pas de grands risques. Mais on peut aussi parier plus gros, en spéculant sur une hausse ou une baisse sur des montants importants, ce que l'on appelle des positions « directionnelles ». Cela peut rapporter gros, mais on peut aussi perdre gros. *No risk, no glory* : on connaît la chanson !

Ce jeu, le « spiel » comme on dit dans les salles de Wall Street, s'écarte de plus en plus des fondamentaux de la banque. L'argent n'est plus une matière tangible, il devient virtuel. « Nulle part cette absence de sens commun n'est plus tragique que dans l'incapacité du spéculateur à comprendre ce que l'argent est en réalité. Il pense que c'est une ligne d'écriture en bas à droite d'un bordereau. Il ne sait pas à quoi ça sert, bien que vous et moi puissions lui expliquer. Il pense que c'est juste pour prendre une bonne position sur un quelconque bout de papier », écrit avec malice Fred Schwed.

Dans l'industrie financière, une nouvelle race d'employés se fraye un chemin vers les sommets : les traders, les petits génies des salles des marchés et de l'arbitrage, sur devises d'abord, puis sur toutes sortes de produits de plus en plus abscons.

Les grandes salles des marchés sont devenues des ruches immenses, occupant des étages entiers des banques de Wall Street ou de la City, incompréhensibles aux visiteurs, même venant d'autres services de la banque. Vous trouvez de tout dans ces cavernes d'Ali Baba où tout le monde est au téléphone en regardant ses écrans d'ordinateurs, buvant son mauvais café dans un gobelet en carton. Il y a dans ces salles des gens censément hyper-intelligents, hyper-speedés, hyper-payés. On y trouve de grands techniciens dévoués à leur maison, d'une compétence scrupuleuse, sérieux en affaires, bien payés certes, mais d'un comportement civilisé. Il y a aussi de jeunes arrogants, qui flambent leurs primes dans des dépenses insensées et dont les médias font leurs choux gras. Mais ces galapiats sans scrupules ne sont pas la majorité, loin de là.

Une grande salle des marchés est un univers extraordinairement hiérarchisé et cloisonné. Les seigneurs appartiennent au front-office (désolé pour la traduction française : il n'y en a pas !). Ils vont de l'opérateur débutant au trader senior, parmi lesquels quelques vedettes. Ils sont organisés par desks, qui traitent chacun sur le marché, grâce à de multiples écrans d'ordinateurs et à des logiciels très pointus, un produit financier extraordinairement spécialisé : « taux courts banques centrales », swaps de change dollar-yen, swaps de taux longs, obligations convertibles françaises, dérivés-actions, dérivés de matières premières, *high yield*, options exotiques, syndicats obligataires, *soft commodities, distressed debt*, etc. Chaque produit est plus ou moins noble et plus ou moins juteux. Le « marché » mondial d'un produit spécialisé est souvent réduit à un minuscule club de spécialistes : par exemple, pour les obligations convertibles françaises, il y a tout au plus vingt traders de par le monde, qui se connaissent tous.

Le trader manipule ses produits et ses ordinateurs. Il est le seul à y comprendre véritablement quelque chose et à discuter d'égal à égal avec ses informaticiens, aussi versés en maths que lui (il y a quelques femmes, mais bien peu). Il n'est pas au contact du client pour qui il mène les transactions, entreprise ou banque. C'est un rôle dévolu au « vendeur », qui propose aux entreprises ou aux autres banques les derniers produits innovants des quants créatifs et transmet les résultats de ses négociations au trader. Séparés par une barrière magique d'avec le front-office, les citoyens de seconde classe travaillent dans le middle-office ou le back-office, départements chargés de classer, calculer, étalonner, solder les milliers de transactions quotidiennes des traders. Comme on s'en doute, ces opérations sont soumises en principe à une discipline de fer : il y a des limites de risques individuels et quotidiens à ne pas dépasser, selon son rang, sous peine de voir les clignotants informatiques s'allumer en rouge.

Au cours des années du libéralisme débridé – à partir du big bang de 1986 et plus encore dans les années quatre-vingt-dix –, les marchés explosent. Les métiers de trading, déjà très spécialisés, deviennent de plus en plus techniques. Et les salles des marchés recrutent, à New York, des diplômés du MIT ou des ingénieurs de la Nasa, et à Londres ou à Paris l'élite des grandes écoles scientifiques. La discrimination sociale se fait alors en sens inverse. Nick Leeson, fils de maçon, qui n'a fréquenté ni Oxford ni Cambridge, veut en remontrer à ses collègues londoniens, tous issus de l'establishment britannique. En spéculant allégrement et sans supervision depuis sa salle des marchés de Singapour, il réussit l'exploit de mettre en faillite à lui tout seul, en 1995, la vénérable banque Barings ! En 2008, Jérôme Kerviel, diplômé de l'université et pas d'une grande école, issu de la classe moyenne provinciale, cherche instinctivement à exister et met la Société générale au bord du gouffre, avec 50 milliards d'euros de positions incontrôlées et au final une perte sèche de 5 milliards déclenchée depuis son poste de travail.

La finance des années 2000 est un feu d'artifice. Les traders génèrent des profits fabuleux. Les banques d'affaires de Wall Street délaissent presque toute autre activité. Chez Goldman Sachs, les activités de conseil, de fusions-acquisitions et de gestion de patrimoine généraient 57 % des revenus en 1999, et le trading 43 %. Dix ans plus tard, celui-ci représente 77 % du chiffre d'affaires de la banque. Les banques de dépôts et de réseaux s'y mettent aussi, éblouies par les profits qu'on peut y faire de façon inespérée. Dans les grandes banques classiques, le trading ne représentait que 5 % du produit net bancaire il y a quinze ans. Aujourd'hui, il en représente une part beaucoup plus substantielle, dans ces banques devenues « universelles » qui sont autrement plus grandes que les banques d'affaires.

Personne ne peut plus se passer de cet eldorado du trading. Les banques ne vont plus seulement en faire pour leurs clients. Elles cèdent aux sirènes du trading pour compte propre, qui devient une fin en soi dans une spirale toujours plus rapide. Il est devenu impensable de se passer de cette drogue dure, sous peine de sombrer face à ses concurrents.

Que se passe-t-il quand on mélange les genres, quand on amalgame dans de mêmes institutions des métiers très différents, que l'on cajole les *deal-makers*, les spéculateurs congénitaux des salles des marchés et qu'on leur donne les clés de la maison ? Ils se servent des fonds de la banque comme d'un accélérateur de particules ! La taille des engagements change brusquement d'échelle. Et ce n'est pas réservé à Wall Street ou à ses filiales de la City. En Europe continentale, par exemple, la banque Fortis dérive de la même façon. Les Barbares-traders ont pris le pouvoir sur les généraux romains.

Second accélérateur de particules : la sophistication exponentielle et inouïe de l'informatique. Les transactions les plus bizarres deviennent un jeu d'enfant grâce à la puissance de calcul des ordinateurs, dont la vitesse croissante de traitement permet de détecter les micro-aspérités du marché et d'en jouer avec un délai de réponse quasi instantané. De nouveaux métiers vont pouvoir prospérer dans les salles des marchés, tel le trading « haute fréquence » capable d'arbitrer sur les marchés en quelques fractions de seconde.

L'achat ou la vente d'actions en Bourse peut s'opérer à la vitesse de l'éclair, ainsi que les allers-retours sur une action. Les superordinateurs scannent des dizaines de plates-formes d'achat et de vente pour repérer l'offre et la demande du marché. Aussitôt, ils raflent toutes les actions disponibles avant que l'acheteur classique ait eu le temps de réagir et les lui revendent plus cher, le plus souvent à 1 centime au-dessous de son plafond, comme l'explique une enquête de Jean Eudes. Tout cela est parfaitement légal. Le temps de latence entre l'émission d'un ordre et sa réalisation – grâce aux algorithmes jalousement gardés des ordinateurs – est de l'ordre de la milliseconde : un millième de seconde ! Et le plus fort est qu'avec cette activité d'arbitrage, par construction, on ne peut pas perdre !

Là encore, la déréglementation à outrance est passée. Le monopole du courtage n'est plus l'apanage de la Bourse de New York, avec ses pesanteurs. En 2009, la part de marché du très respectable NYSE est passée à 28 % seulement des transactions boursières aux États-Unis. Ce sont des officines à l'identité improbable, mais aux ordinateurs puissants, qui tiennent maintenant le haut du pavé.

Mais ces opérateurs peuvent se prendre les pieds dans le tapis. Le 6 mai 2010, la Bourse de New York plonge de 10 % en quelques minutes. Ce krach éclair, comme on l'appelle, est bien mystérieux. On découvrira plus tard qu'il est dû à une erreur de « trading à haute fréquence ». Un trader, un seul, s'est trompé de zéros dans ses ordres : au lieu de millions, il a tapé sur son clavier des milliards de dollars !

Finissons de brouiller les repères de la banque d'autrefois. Dans les années quatre-vingt-dix, les cabinets de conseil déferlent sur les grandes institutions, délicieusement consentantes, pour remettre à plat leur mode de fonctionnement. L'organisation des grandes banques était horizontale. Elle va passer au mode vertical, par lignes de métiers. L'organigramme matriciel fait son entrée fracassante. Ce faisant, les sages dirigeants généralistes sont balayés au profit des spécialistes de métiers, à commencer par ceux du trading. C'est peut-être une avancée de la science du management, mais c'est aussi très largement un phénomène de mode, habilement vendu par des cabinets prestigieux.

Désormais, les métiers ont le pouvoir. La preuve : ce sont eux qui distribuent les bonus ! Mais les mêmes métiers imposent aussi que l'évaluation des risques – l'alpha et l'oméga d'une banque – soit faite à l'intérieur des divisions de métiers. Les contrôleurs des risques ne tardent pas à devenir les avocats des métiers. Les équilibres sont rompus.

Les directions générales ou les directions de pays – qui connaissent pourtant bien le terrain – se retrouvent exactement dans la situation d'un pilote de ligne qui, pour faire décoller son avion, devrait d'abord consulter le responsable mondial de la météo, basé à New York, le responsable de la sécurité, basé à Tokyo, le responsable commercial, basé à Paris, et celui du frêt, basé à Ouagadougou ! Le pilote danse la samba du matin au soir pour tenter de coordonner tous ces responsables afin d'avoir l'autorisation de décoller. Finalement, comme les accidents d'avion sont statistiquement rares, les feux se mettent au vert et l'avion finit par partir, jusqu'au jour où…

Dans les banques où le sommet de la hiérarchie se situe dans les salles des marchés, les forces de rappel à l'ordre sont escamotées par le goût immodéré du deal et de la prise de risque : ce sont les Lehman Brothers et autres Bear Stearns. Dans les banques où les dirigeants viennent d'autres horizons (la très provinciale Bank of America, HSBC, BNP-Paribas…), la fonction de modération et de contrôle des risques est beaucoup mieux maîtrisée. Wall Street, avec ses filiales de la City ou ses émules brouillons, est une fois encore en pointe. Pour le pire.

25

Omerta sur les bonus

En 2008 – année de vaches maigres en principe –, les deux cents salariés les mieux rémunérés chez Goldman Sachs ont reçu des primes d'environ 5 millions de dollars chacun en moyenne. Un an plus tard, jamais la masse salariale de Wall Street n'a été plus élevée : 140 milliards de dollars, contre 128 en 2007, l'année d'avant la crise. Chez Goldman Sachs ou JP Morgan, cela fait une moyenne de 530 000 dollars par employé, lampiste compris. Et la masse globale progressera encore à 144 milliards en 2010.

La presse se déchaîne lorsqu'on apprend le montant de la retraite-chapeau du président de Bank of America, Kenneth Lewis : 53 millions de dollars. Cette même BoA qui est venue à la rescousse de Merrill Lynch et pour qui les contribuables américains ont versé 154 milliards de dollars pour lui tenir la tête hors de l'eau. Aux États-Unis, on n'est pourtant pas regardant sur les questions d'argent. On se souvient que le dirigeant (remercié) de Merrill Lynch, Stan O'Neal, a touché 161 millions de dollars en 2007 lors de son éviction. Mais, après la grande crise, ces chiffres créent le trouble, au moment même où l'économie réelle continue de sabrer des milliers d'emplois. Des syndicats suggèrent de ne pas autoriser les banques à distribuer des bonus tant que celles-ci ne créent pas de nouveaux emplois et ne distribuent pas de crédits aux acteurs de l'économie. Le président de Wells Fargo s'octroie pour 2009 un bonus de 21 millions de dollars. D'autres seigneurs de Wall Street, sentant la bronca, se font plus modestes : « seulement » 12 millions pour Jamie Dimon, patron de JP Morgan, 9 millions pour son homologue de Goldman Sachs, Lloyd Blankfein, et encore, en actions et non en cash. Une misère !

Le G20 de septembre 2009 met la moralisation des bonus à l'ordre du jour à grands sons de trompe. Adair Turner, le patron de l'autorité londonienne des services financiers, propose sans complaisance plus de transparence et plus d'encadrement, mais il prend une volée de bois vert de la City. Le Premier ministre Gordon Brown mandate un dirigeant de Morgan Stanley, sir David Walker – qui n'est ni un politique ni un technocrate –, pour faire des recommandations. Son rapport, rendu fin novembre, est une douche froide pour les banquiers anglo-saxons. Il préconise la transparence sur les hautes rémunérations. On devra divulguer les bonus supérieurs au million de livres (1,5 million de dollars). Mais il ne va tout de même pas jusqu'à exiger des noms : cette déclaration restera anonyme. Brown et Obama – qui tente la même chose pour Wall Street – sont ravis, mais le bras de fer est loin d'être gagné.

Dans la vieille Europe, on est plus modeste, taille et systèmes obligent. Les dirigeants des banques y font presque figure de pauvres. Ils gagnent en moyenne dix fois moins que leurs homologues outre-Atlantique, sans que leurs responsabilités soient dix fois moindres. C'est la même chose dans l'industrie. Pour les présidents des sociétés cotées en Bourse, tout est étalé à livre ouvert, de manière presque impudique. Mais pour les autres ? Les présidents ne pointent qu'au trentième rang des rémunérations de leurs banques. Qui sont les grands gagnants ? Les cadors des salles des marchés, les traders.

Une muraille se dresse lorsqu'on veut en savoir un peu plus. L'enveloppe individuelle est donnée en catimini, portes closes. Il en filtre bien quelques chiffres, invérifiables ; pour les meilleurs : de 1 à 10 millions d'euros en Europe, de trois fois à dix fois cette somme aux États-Unis. Gare à qui réclame des détails. Dans les banques anglo-saxonnes, d'ailleurs, révéler son bonus à toute autre personne qu'à son conjoint ou son conseiller financier est une faute professionnelle qui vaut licenciement. C'est l'omerta.

À quoi comparer les gains réalisés par certains dans la sphère financière ? Ces privilégiés qui touchent des sommes folles sont des salariés, en aucun cas des propriétaires ou des capitaines d'industrie, tels des Warren Buffett, des Pierpont Morgan, des François Pinault ou des Bill Gates, qui sont des entrepreneurs jouant leur propre fortune. Par exemple Andy Hall, vedette de Philbro, une discrète filiale de trading de matières premières de Citigroup, qui a parié sur l'envolée des cours du pétrole, a gagné 250 millions de dollars en cinq ans et négocié 100 millions de bonus pour 2008… alors même que la valeur pour l'actionnaire de Citigroup est passée de 255 à 19 milliards de dollars et que la banque est sous perfusion de l'État après la débâcle de l'automne 2008. Où est le hiatus ? Les Andy Hall et consorts cachés derrière leurs écrans d'ordinateurs ne sont pas des stars de cinéma ou du sport, qui ont pour fonction de faire rêver les foules. Ils sont moins qualifiés et ont moins de responsabilités qu'un chirurgien ou un ingénieur nucléaire.

La propension des dirigeants à fixer leur propre rémunération est d'un étonnant laxisme, complaisamment validé par des conseils d'administration cooptés dans une microsociété de pairs bien élevés où chacun est redevable à l'autre, au premier chef de ses jetons de présence. Le mythe rassurant de l'« administrateur indépendant » ne sert encore largement qu'à usage de colloques académiques. Ces dirigeants se voient déléguer par leurs conseils la capacité de statuer – en principe – sur les hautes rémunérations. Mais, en pratique, leur latitude face aux vedettes du trading est très limitée.

Au fil des ans, les profits fabriqués par les salles des marchés sont devenus tels que ceux qui verrouillent les produits financiers, qui les fabriquent, qui les traitent, qui en comprennent la mécanique sont devenus seuls maîtres à bord. Les barons qui en remontrent à la direction générale sont les chefs de salles, véritables États dans l'État. En compagnie des traders vedettes, rois d'un produit, les « maîtres de l'univers », comme on les surnomme à Wall Street, forment une toute petite coterie, de l'ordre de quatre cents personnes à New York.

Ces heureux élus – les *lucky monkeys* dans le jargon local – font la pluie et le beau temps, mais en oubliant chaque matin que c'est en dernier ressort la banque qui assure les risques si quelque chose tourne mal. Les profits de leurs activités de marché – et leurs bonus – ne sont plus le résultat heureux d'un commerce de produits, magnifié par leur expertise, mais une rente que s'approprient de petits clans, qui leur est en quelque sorte due. Pour les traders, le profit fabriqué par les salles des marchés devient dès lors un bien sans maître.

Les esprits rationnels croient que les primes sont un système d'incitation optimale à l'effort et la rémunération d'un talent rare, telle la commission de bon aloi qui est accordée aux vendeurs méritants d'assurances ou d'aspirateurs. Ou encore, que les faiseurs d'argent sont si rares qu'il faut les garder à tout prix pour qu'ils ne migrent pas ailleurs. Mais la réalité est un peu différente.

Le chantage, au départ, est en fait assez limité. Sous la dénomination de trader, il y aurait soixante-dix mille personnes sur la place de New York et autant à la City de Londres (seulement huit mille à Paris, par comparaison). En moyenne, la longévité dans ce job épuisant est de l'ordre de huit ans, ce qui reflète une relative stabilité. Le marché des vedettes ne concerne donc qu'une très petite fraction de ces spécialistes. Il peut arriver néanmoins qu'une équipe performante quitte le navire. Dans ce cas, le manque à gagner peut se chiffrer en centaines de millions de dollars. La banque est alors prête à toutes les contorsions pour garder ses divas. Mais le danger vient aujourd'hui d'ailleurs.

Après les ravages de la crise, les activités des marchés financiers sont de plus en plus sous le regard vigilant des gouvernements. Les opinions publiques ont trouvé saumâtre de devoir renflouer les banques en 2008 parce que certains avaient joué avec le feu. Les dirigeants lâchent alors du lest : les dix principaux directeurs de la vénérable banque Barclays donnent l'exemple, président en tête, en renonçant à toute forme de bonus pour 2009, comme l'avaient fait les leaders des banques françaises en 2008. Même à Wall Street, le vent du boulet souffle.

Pour les traders, la pression monte pour que les fameux bonus soient payés non plus en liquide mais en actions, et étalées dans le temps, dans le meilleur des cas avec une formule de bonus-malus. Mais après une pause de deux ans, afin de continuer à attirer les meilleurs, les banques de Wall Street renouent en 2010 avec la pratique des bonus garantis à l'embauche, dans des fourchettes allant de 2 à 4 millions de dollars annuels. Même si l'Angleterre institue, en 2009, une taxe de 50 % sur les bonus excédant la modeste somme de 25 000 livres, on pense que tout cela n'est qu'une gesticulation transitoire. C'est ainsi qu'après avoir affiché une vertu de bon aloi, la filiale de Goldman Sachs à Londres a attendu que le délai légal de cette taxe soit passé (fin avril 2010) pour accorder à quatre-vingts de ses associés une « gratification extraordinaire » fort substantielle, dans la torpeur du mois d'août.

Mais les traders voient leur horizon s'amenuiser dans les grandes structures classiques, soumises à une pression croissante. Heureusement pour eux, il reste les hedge funds et les *private equities,* encore largement opaques pour l'instant, qui ont plus de liberté. Le centre de gravité se déplace donc. Les fonds spéculatifs (hedge funds) se portent très bien. Non seulement ils assurent un rendement d'au moins 20 % à ceux dont ils ont recueilli les fonds, mais leurs patrons engrangent pour eux-mêmes des sommes folles : 4 milliards de dollars pour David Tepper (Appaloosa Management), 3,3 pour George Soros ou 2,5 pour James Simons (Renaissance Technologies), rien que pour l'année 2009.

Et puis, les règles ou les pressions ne sont pas uniformes d'un pays à l'autre. Le monde reste un assemblage d'États-nations. Il est difficile d'établir des règles du jeu qui s'imposent à tous de manière supranationale. Les surtaxes sur les bonus restent bloquées aux frontières. On peut fort bien les payer en dehors du pays, à Hong Kong, à Singapour ou ailleurs, sans que personne ne voie rien. Ou encore transformer la part variable en augmentation de salaire fixe substantielle. L'affaire des bonus est une vaste passoire.

La transparence pure et parfaite n'est pas pour demain !

26

Qui gardera les gardiens ?

« Il y a dans le monde deux superpuissances : Les États-Unis et Moody's. Les États-Unis peuvent réduire un pays à néant en l'écrasant sous les bombes. Moody's peut détruire un pays en réduisant sa note », écrit le journaliste vedette du *New York Times* Thomas Friedman. Pour les entreprises comme pour les États, les agences de notation sont devenues les incontournables juges de paix.

Dans l'évolution de la finance moderne, la question de la notation a pris une importance centrale. Toute entreprise sollicitant un crédit, tout État dans la même situation – c'est-à-dire tous, à l'exception de la Corée du Nord, et encore –, tout produit financier simple ou complexe se voit affecté d'une note de crédit déterminant sa qualité et donc le coût plus ou moins élevé de ses emprunts. Les *blue chips* (entreprises de premier rang), les grands États ou les bons produits bénéficient de la meilleure note AAA, référence absolue de qualité, qui peut aller en s'amenuisant jusqu'à B, C ou D pour les autres, sur une échelle qui comporte vingt subdivisions. Avoir une bonne note est donc essentiel pour qui fréquente les marchés financiers.

La notation est un marché extraordinairement concentré. Trois grandes agences se partagent 95 % de cette fabuleuse manne : Moody's, Standard & Poors, et Fitch. Cette concentration n'a d'égale que celle de la « finance structurée », quand on sait que, dans les années 2000, quatre banques de Wall Street seulement se partageaient 90 % du business des « produits dérivés », les autres se contentant des miettes.

C'est Henry Poor qui inventa la notation en 1860, en publiant un recueil de renseignements sur les compagnies de chemins de fer à l'usage des investisseurs, dans des éditions successives qui consignaient toutes les données techniques et financières possibles sur les entreprises du secteur. En 1900, John Moody eut l'idée de faire la même chose pour les sociétés industrielles. Ces deux sociétés de publication avaient leur siège dans le bas de Manhattan, au cœur du district financier. Dès les années trente, le souci de disposer d'informations indépendantes et fiables sur la santé financière des entreprises conduisit les autorités à incorporer dans la réglementation l'obligation d'une note pour toute émission d'obligations.

Elles devinrent les oracles des marchés financiers. Quelle que fût son évaluation personnelle, même si l'on n'était pas d'accord ou que l'on avait des informations privilégiées, personne ne pouvait plus aller à l'encontre du jugement lapidaire des agences. Il ne s'agissait plus d'évaluer ce que serait la valeur réelle d'une entreprise, mais, comme le dit Keynes, « d'anticiper ce que l'opinion moyenne pensera de ce que l'opinion moyenne sera ». Par-delà leurs analyses rationnelles, les agences devinrent des « intermédiaires de réputation », concept aussi ésotérique que celui de « confiance » : votre réputation, comme chacun sait, c'est ce que l'on dit de vous quand vous avez quitté la pièce ! Les recommandations des agences façonnent aujourd'hui le comportement collectif des acteurs des marchés. Avec l'explosion récente des produits financiers, elles se sont arrogé un pouvoir sans partage, parce que la collectivité leur a dévolu une fonction de gardien suprême. Mais l'absence de garde-fous renvoie à la question fondatrice de la gouvernance qu'exprimait Platon il y a deux mille six cents ans : « Qui gardera les gardiens ? »

Qui paye pour avoir une (bonne) note ? Les créateurs des produits financiers, pas les acheteurs ! Le payeur est donc le principal intéressé. Comme si les élèves payaient leur professeur pour avoir de bonnes notes, comme si le laboratoire pharmaceutique payait l'administration du médicament pour certifier ses pilules. Pourtant, les agences affirment haut et fort que la notation est indépendante et qu'une note n'est qu'une opinion. Les argumentaires sont parfaitement rodés. Mais on peut, au minimum, se poser la question d'un conflit d'intérêts.

Combien cela coûte-t-il d'avoir une mauvaise note ? Pour un nouveau produit financier complexe, il est tout simplement impensable de le lancer s'il n'est pas crédité du sésame AAA. Pour une entreprise déjà dotée de la fameuse note, la dégradation au niveau inférieur signifie un risque plus élevé qui se paye en points de taux d'intérêt et qui peut coûter des millions de dollars. Pour des États souverains comme la Grèce, déclassée en 2009, c'est tout simplement un drame. Ses nouvelles émissions lui coûtent beaucoup plus cher : le taux d'intérêt qu'elle doit payer passe ainsi de 5,7 % en janvier 2010 à 11,5 % en fin d'année (il est de 2,4 % pour l'Allemagne). De surcroît, le papier déjà émis baisse de valeur et ses détenteurs subissent une perte sur leur investissement. Le coût est colossal.

On a lancé plus de dix mille produits dérivés nouveaux dans les années récentes, toujours plus complexes, dont les dossiers descriptifs sont de plus en plus épais. Le problème de la notation est donc devenu lui aussi de plus en plus complexe. Plus on crée de produits, plus les trois agences ont de grain à moudre... et de commissions à encaisser. Comme elles font aussi du conseil pour aider les banques à concevoir ces produits, elles touchent sur les deux tableaux. Tout ce petit monde a donc intérêt à créer de la complexité, hors de portée d'une majorité d'acteurs, même professionnels. Par une douteuse inversion de la logique, la note ne sanctionne pas la qualité du produit : le produit existe par la note ! Les agences sont devenues en réalité des coarrangeurs de produits. Dès lors, l'investisseur, qu'il soit professionnel ou amateur, se croit tranquille : l'agence de notation a donné un blanc-seing.

Mais les agences sont-elles infaillibles ? En 1997, aucune d'entre elles n'avait prévu la crise asiatique, et deux mois se passèrent après la chute de la monnaie thaïlandaise avant que la note du pays soit dégradée. En 2001, un bon point : elles avaient anticipé la grave crise de la dette publique argentine. Mais cette même année, elles passèrent complètement à côté des agissements de l'énorme société de courtage énergétique Enron. Quatre jours avant la retentissante faillite d'Enron, les notes de l'entreprise étaient encore au beau fixe. Avant l'éclatement de la crise des subprimes en 2007, et bien après que les prix de l'immobilier américain eurent commencé à s'effondrer, la notation desdites subprimes était encore excellente. Lors de la faillite de l'Islande, un État souverain, fin 2009, elles recommencèrent : quatre jours après la faillite du pays, sa note était encore AAA ! Même chose pour l'Irlande en novembre 2010, où la note n'est dégradée que trois jours après la chute.

La communication est si bien organisée que les sommets de chefs d'État de 2009, si prompts à dénoncer les bonus et les paradis fiscaux, ne s'occupent tout simplement pas du problème. Mais le bras de fer avec les agences de notation est désormais l'objet d'une bataille d'avocats américains. Calpers, la caisse de retraite des fonctionnaires californiens et l'un des plus puissants fonds de pension au monde, a assigné en justice les trois grandes agences pour tromperie sur l'évaluation de trois « véhicules d'investissements structurés », notés AAA à l'époque, qui lui ont fait perdre plus d'un milliard de dollars quand ils se sont effondrés.

On va, nous dit-on, briser la mainmise du trio des grandes agences en créant de la concurrence. Une agence de notation publique pourrait voir le jour au niveau de l'Union européenne, mais c'est pour l'instant un vœu pieux. Les Chinois expliquent complaisamment aux amateurs qu'eux aussi disposent d'une agence publique de notation. Mais c'est une curiosité exotique, au même titre que les agences nationales similaires qui existent dans quelques pays comme le Pakistan ou la Hongrie. Le trio a donc encore de beaux jours devant lui.

Qui supervisera les superviseurs ? Le très puissant gendarme public de la Bourse de New York, la Securities and Exchange Commission (SEC), aux pouvoirs d'investigation redoutables, n'a pas vu, en six enquêtes réalisées sur plusieurs années, que la société de Bernard Madoff était une gigantesque et frauduleuse « pyramide de Ponzi », technique qui consiste à payer les dividendes des placements des clients avec l'argent frais des nouveaux entrants. Jusqu'au jour où le pot aux roses fut dévoilé, entraînant des pertes de sans doute 60 milliards de dollars (on ne saura jamais le montant exact). Même quand la SEC avait les données sur l'endettement des banques d'affaires (les ratios sont publics), elle a laissé faire sans s'émouvoir des dérapages follement dangereux. La SEC a été alertée de manière très précise et documentée, mais elle n'a rien dit lorsque les niveaux de *leverage* sont montés à 30 ou 40, voire 50, alors que c'est son métier d'être le gardien du temple.

Même à la Bourse, censément sous haute surveillance, la transparence est devenue un mot de plus en plus vide : les *dark pools* font la pluie et le beau temps. Ces systèmes d'échanges de titres représentent aujourd'hui 38 % des volumes échangés mondialement. Ils ont été mis au point par sept ou huit grandes banques à l'échelon mondial, entre elles, à l'abri de toute forme de réglementation, de toute égalité d'accès aux marchés et aux prix.

Les hedge funds échappent eux aussi à toute forme de supervision car, recueillant des fonds censément privés, ils ne font pas appel à l'épargne publique. Et puis, il faudrait qu'ils soient repérables, bien au chaud dans leurs paradis fiscaux. Lesdits paradis fiscaux sont en ligne de mire. Mais ceux de la sphère américaine, dans les îles des Caraïbes découvertes à marée basse, ou à l'intérieur même des États-Unis (l'État du Delaware) vont-ils être sérieusement chahutés ? Et ceux de la sphère chinoise, comme Hong Kong ou Singapour ? Les listes noires des paradis, dressées par l'OCDE, sont bien rapidement passées au gris puis au blanc.

Faudrait-il plus de régulation du système financier, ou une régulation mieux ciblée et plus efficace ? Face à la mondialisation instantanée des marchés financiers, pourrait-on mettre en place une supervision supranationale harmonisée collectivement, qui puisse s'affranchir des frontières ? Comment amener la sphère financière à résipiscence ?

Toute réforme de fond sera freinée par le poids de puissants lobbies et prendra beaucoup de temps, si elle éclôt un jour. C'est l'enjeu central des années 2010. En attendant, comme disait Chuck Prince, « tant que la musique joue, nous [les marchés] continuons à danser ».

CINQUIÈME PARTIE

À LA PROCHAINE !

« Les produits dérivés sont des armes financières de destruction massive. »

Warren Buffett,
« le sage d'Omaha »

27

Business as usual ?

Six mois seulement après le Septembre noir de 2008, les banques de Wall Street commencent à redresser la tête comme si de rien n'était. La Bourse atteint son point le plus bas en mars 2009 et se met à remonter également. Le chemin des profits se dégage. Goldman Sachs enregistre d'avril à juin quarante-six jours de profit net *quotidien* supérieur à 100 millions de dollars et annonce un résultat de 3,5 milliards de dollars pour le deuxième trimestre et 6 milliards au troisième, à l'instar de presque toutes les autres banques, Europe comprise. Pour l'année 2009, ses profits dépasseront 13 milliards de dollars.

Pendant ce temps, l'économie réelle se traîne et n'en finit pas de payer les conséquences de la crise. Aux États-Unis, les ventes de voitures continuent à plonger. General Motors, l'emblème absolu de la superbe américaine, est déclarée en faillite en avril 2009. Le chômage américain grimpe à plus de 10 % de la population active. C'est le même chiffre en Angleterre et en Espagne, à peine moins en France. Les prix de l'immobilier chutent de 30 % à New York.

Un peu partout, les États ont volé au secours des banques en entrant dans leur capital aux frais du contribuable. En Angleterre, le système bancaire est de facto nationalisé : les emblématiques Lloyds et Royal Bank of Scotland sont recapitalisés encore et encore. Les États perfusent l'économie par le biais des taux d'intérêt : le crédit est presque gratuit depuis que les banques centrales ont abaissé leurs taux à pratiquement zéro pour juguler la crise économique. Les risques de défaut et autres « produits toxiques » de la sphère financière ont été mutualisés et disséminés ailleurs, dans des structures que l'on appelle des « bad banks » en Amérique ou des organismes de « défaisance » en Europe. General Motors renaît de ses cendres en juillet 2009, grâce à l'État qui isole les dettes abyssales en dehors de l'entreprise, dans une structure de ce type, non sans avoir accordé des subventions pour un montant total de 50 milliards de dollars. On pousse la poussière sous le tapis.

Les États veulent avoir leur mot à dire dans la gestion des banques ou des entreprises qu'ils secourent. Haro sur les dérives et sur les salaires mirobolants ! Puisqu'ils sont entrés au capital des banques au moment de leur renflouement, ils veulent, bien sûr, avoir leur mot à dire.

Les banques ne vont alors avoir de cesse de se sortir le plus vite possible du carcan (très relatif) de l'État. Aux États-Unis, elles ont touché dans leur ensemble 250 milliards de dollars fin 2008 pour ne pas sombrer. Ce sont des prêts pour passer un mauvais cap, pas des dons. Les profits du trading repartent à fond au printemps 2009 car, en mettant de l'huile dans les rouages, l'État a en fait procuré aux banques de quoi spéculer de plus belle et payer leurs bonus fin 2008, sans forcément financer l'économie réelle. Avec le cash ainsi dégagé, leur première préoccupation est de racheter leur dette à l'État.

Aussitôt fait : dès le mois de mai, une première banque (State Street) ouvre le bal des remboursements. En juin, les seigneurs de Wall Street lèvent avec succès des fonds sur le marché pour se libérer en masse de l'emprise gouvernementale. Goldman Sachs rembourse près de 13 milliards de dollars, qu'elle avait engrangés sans tambour ni trompette à l'automne 2008. Les dix premières banques remboursent 68 milliards de dollars avant l'été. Fin 2009, c'est le tour de Bank of America, qui en est, pour elle seule, à 45 milliards de dollars. L'État ne fait d'ailleurs pas une si mauvaise affaire : les sommes prêtées dégagent pour lui un profit global de 10 milliards de dollars. Avec ces remboursements sans nouvelle gouvernance, retour à la case départ. Plus personne ne va interférer dans la gestion, ou bien le trading « pour compte propre », ou encore l'attribution des bonus, au moins en attendant des lois contraignantes, qui tardent à venir.

Ceux qui sont du côté du manche oublient fort opportunément que les banques n'ont dû leur survie récente qu'à l'intervention massive et contre nature des contribuables. Amer, le gouverneur de la Banque d'Angleterre, Mervyn King, déclare, en retournant le propos de Churchill après la bataille d'Angleterre : « Jamais [dans la finance] un si petit nombre d'hommes n'a dû son salut à un si grand nombre ! »

D'autres métiers ne sont pas en reste. Lehman Brothers a disparu, certes. Barclays ou Nomura en ont récupéré de beaux restes. Mais les innombrables procès qui suivent la liquidation font le bonheur des cabinets d'avocats new-yorkais, qui se partagent en quelques mois 200 millions de dollars d'honoraires, en attendant les factures suivantes.

Barack Obama fait, le 15 septembre 2009, un de ses admirables discours très moraux dont il a le secret, au cœur même de Wall Street, devant un parterre convenu de banquiers. Il propose une refonte d'une ampleur inédite. Tout y passe, depuis la transparence envers les clients jusqu'à la supervision des produits dérivés, en passant par la régulation des fonds spéculatifs et l'appel solennel à la responsabilité des marchés financiers. On est à la veille du G20 de Pittsburgh, dont les thèmes vont être les nouvelles règles du jeu du système financier.

Les banquiers le contemplent tel un poisson une pomme. Réguler le système ? Vous n'y pensez pas sérieusement ! Les lobbies de Wall Street et de la City de Londres sont vent debout. Leurs porte-parole montent au créneau auprès des décideurs de Washington ou de l'Union européenne, qui ont l'outrecuidance de vouloir mettre de l'ordre dans le système selon leurs principes. Marcus Agius, président de la Barclays, sort de sa réserve pour exprimer la position générale en usant d'*understatements* tout britanniques. Les encadrements de bonus, dit-il, « sont sujets à différentes interprétations » ; le trading pour compte propre « a été diabolisé » ; il est dangereux d'imposer aux banques « trop d'exigences en capital » ; les grandes banques « ont besoin sans entraves de la liberté d'action ». Bref, on détricote en sous-main le consensus péniblement mis au point dans les innombrables réunions des politiques. Dans les coulisses, le « vrai » business fait le gros dos.

Fin 2009, tout va bien dans la sphère financière. Wall Street se met à réembaucher les quelques milliers des employés licenciés au cours de l'année qui vient de s'écouler, et à des salaires sympathiques : 312 000 dollars annuels en moyenne (contre 64 000 dollars pour la moyenne des rémunérations à New York). Les Bourses mondiales, les marchés obligataires, les prix des matières premières rebondissent à nouveau. Les banques portent beau. Les investisseurs et autres hedge funds reprennent le chemin des montages mirobolants. Des fonds ou des entreprises fragilisées (les « anges déchus ») en mal de financements classiques, parce qu'elles ont trop tiré sur la ficelle, redécouvrent le charme douteux des junk bonds, ces obligations pourries à hauts risques qui avaient fait la fortune de Drexel Burnham à la fin des années quatre-vingt, juste avant sa faillite. La titrisation émerge à nouveau.

Les LBO ont plongé en 2009 (25 milliards de dollars seulement dans le monde, dix fois moins qu'en 2006), mais ils repartent très rapidement à la hausse début 2010. Même Hollywood s'y met en créant, à l'aide d'un broker de Wall Street, une « bourse du cinéma » qui consiste à spéculer sur les résultats financiers espérés d'un film au box-office et où l'on est sûr que les gogos se feront plumer par les initiés ! La créativité des produits financiers reprend de plus belle. On se met à utiliser en grand des « pik toggle », qui consistent à payer ses dettes... avec encore plus de dettes, ou des « dividend recap », qui permettent de payer des dividendes à ses actionnaires avec des sommes empruntées ! On invente même des types de *credit default swaps* adossés à des assurances décès, que l'on surnomme « les bons de la mort ».

C'est reparti. Ah bon ! Il y a eu une crise ?

28

« Government Sachs »

Wall Street donne souvent l'impression de préempter la démocratie en puisant dans ses réserves illimitées pour influencer les prises de décisions qui la concernent. L'industrie financière new-yorkaise a ainsi dépensé à Washington, au cours des dix dernières années, 3,4 milliards de dollars en actions de lobbying parfaitement organisées et 1,7 milliard en financement direct de campagnes électorales. « Ce qui est bon pour Wall Street est bon pour l'Amérique », proclament haut et fort les hérauts de la libre entreprise.

La Firme (*The Firm*, comme on la qualifie sur les trottoirs new-yorkais) en est l'emblème et la caricature malgré elle. La Firme, c'est Goldman Sachs, qui a émergé de la crise avec une telle puissance et qui a partie liée si intimement avec le gouvernement que son surnom est devenu « Government Sachs ». GS se porte bien : en 2009, elle a engrangé 13,4 milliards de dollars de profit, autant que les cinq autres grandes banques américaines. Sa marge nette a atteint 26 % de son chiffre d'affaires. Elle a bien mérité son autre surnom de « Goldmine Sachs » (la mine d'or).

GS est une formidable machine à recruter les *best and brightest* (les meilleurs et les plus brillants), à les faire cravacher et à épanouir leurs talents tous azimuts au service de l'argent. Lloyd Blankfein, son patron actuel, est le symbole de la méritocratie à l'américaine : fils d'un modeste postier de Brooklyn et d'une mère réceptionniste, il a eu un cursus scolaire exceptionnel jusqu'aux premiers rangs de la Law School de Harvard, avant de s'élever dans la hiérarchie de la Firme grâce à ses talents de trader et de devenir le banquier actuellement le plus puissant de la place.

Banque d'affaires pure et dure, GS a pris un virage sur l'aile une semaine après la chute de Lehman Brothers en se faisant octroyer le statut de *commercial bank*, ce qui lui a ouvert le robinet des subventions fédérales, dont elle a usé sans coup férir pour 13 milliards de dollars. Elle parvient aussi, mieux que personne, à placer ses hommes au cœur du pouvoir.

Les administrations successives, démocrates comme républicaines, sont truffées de ministres ou de puissants conseillers venus tout droit de « Government Sachs ». Peut-être parce que la gestion financière de l'Amérique est si complexe qu'elle réclame des orfèvres dont la classe politique ne dispose pas. Mais de là à mettre l'État dans les mains d'une même coterie... Pourtant, cela ne perturbe apparemment personne à Washington.

Robert Rubin, ministre des Finances démocrate sous Clinton, ex-président de Goldman Sachs, a été, entre autres, le grand architecte de la déréglementation qui a enterré le *Glass-Steagall Act* en 1999. Il n'a ensuite cessé de placer ses protégés aux postes sensibles. Qui est l'avocat en chef de l'envolée des produits dérivés dans les années 2000 ? Gary Gensler, vice-président de GS. Qui retrouve-t-on comme ministre des Finances républicain de George W. Bush ? Henry Paulson, président de Goldman Sachs jusqu'à la date de sa nomination. Qui est invité, seul de ses pairs et contrairement à toutes les règles d'État, à la réunion secrète de la Fed de New York en septembre 2008 pour décider du sort d'AIG ? Lloyd Blankfein, président de GS. Qui trouve-t-on aux avant-postes de l'administration Obama ? Le lobbyiste en chef de Goldman Sachs, Mark Patterson, comme directeur de cabinet du ministre des Finances Tim Geithner, lui-même protégé de Rubin depuis des années, remplacé comme chairman de la Fed de New York par un ex-administrateur de la banque, Stephen Friedman. Celui-ci, dans ses nouvelles fonctions, est chargé de superviser légalement… Goldman !

C'est la reconnaissance du ventre : les banques de Wall Street et ses lobbies associés (y compris les avocats d'affaires) ont été les plus forts contributeurs de la campagne électorale d'Obama. On parle de 400 millions de dollars sur un coût total de campagne de 600, mais la loi électorale américaine oblige à diluer ces sommes gigantesques dans de multiples réceptacles provinciaux opaques pour ne pas dépasser la fatidique somme unitaire de 28 500 dollars par comité de soutien.

L'association des anciens de la banque d'affaires, informelle bien sûr, est la matrice des ténors de la finance américaine, que ce soit à la tête de la Bourse de New York ou à celle de la Banque mondiale (Robert Zoellick). Certains aussi, dont l'ascension fulgurante (et grassement rémunérée) n'a d'égale que la chute lors de la crise de 2008, tels John Thain (Merrill

Lynch) ou Robert Steel (Wachovia). Qui nomme-t-on pour sauver AIG de la faillite et gérer les 182 milliards de dollars d'aide fédérale ? Ed Liddy, un autre Goldman boy. L'emprise s'étend au-delà des frontières, où l'on retrouve rien moins que le gouverneur de la Banque du Canada ou le gouverneur de la Banque d'Italie, Mario Draghi, également patron du Conseil de stabilité financière européen, ou encore le très influent banquier central Otmar Issing, en Allemagne.

La machine à profits frise en permanence le conflit d'intérêts. Déjà, dans l'affaire des subprimes, la banque avait eu des positions parfaitement ambiguës. Comme les autres, elle avait fait chauffer les produits de prêts immobiliers au maximum au cours des années d'euphorie de 2002 à 2006. Quand la tendance commença à se retourner, elle solda bon nombre de ses positions en décembre 2006, quelques mois avant les autres. Gestion prudente ou stratégie à double détente ? GS continua tout au long de 2007 à « shorter » massivement les subprimes pour construire des CDO artificiels... et en vendre encore plus ! En clair, la banque vendit une première fois des produits dangereux, puis un emballage de produits obscurs et tout aussi profitables. Le régulateur, en cette circonstance comme dans bien d'autres, laissa faire.

« Ce n'est pas un pari contre nos clients », déclareront après coup les dirigeants mis sur le gril, manière de justifier la devise affichée de la banque : « Les intérêts de nos clients avant tout. » Devise bien angélique ! En effet, on sait aujourd'hui que Goldman Sachs et l'un de ses clients majeurs, le fonds spéculatif de John Paulson (rien à voir avec Henry Paulson), s'étaient discrètement entendus pour pousser ensemble à la création de « véhicules d'investissement » dans l'immobilier, en même temps qu'ils prenaient des positions pariant sur la chute de ce marché. Autrement dit, une manœuvre où l'on crée de l'investissement d'une main en reprenant la mise de l'autre main, « alors qu'au même moment, la banque disait à d'autres investisseurs que ces titres étaient choisis par un tiers indépendant et objectif », selon l'acte d'accusation du gendarme de la Bourse de New York (la SEC), qui s'est décidé, en avril 2010, à porter l'affaire devant les tribunaux.

Le Sénat américain s'occupera sérieusement de GS. Le 27 avril 2010, Blankfein et cinq de ses subordonnées passent onze heures d'horloge face à l'inquisition du Sénat, devant les caméras de télévision. Ce dont on les accuse ? D'avoir fabriqué un montage complexe baptisé « Abacus », grâce à un brillant centralien français basé dans son agence de Londres, pour le compte de John Paulson, afin que ce dernier puisse tirer tout le bénéfice d'une spéculation à la baisse de l'immobilier américain en 2007, en pleine période de subprimes (le profit de Paulson sera de un milliard de dollars), tout en vendant à découvert à ses autres clients un « produit toxique » qu'elle avait également concocté pour les inciter à miser sur une hausse de l'immobilier. Le produit en question était un « CDO synthétique », entièrement composé de *credit default swaps*, c'est-à-dire du virtuel gagé sur du virtuel, ce qui fera titrer à un journal : « Wall Street a vendu la classe moyenne à découvert. » Il est probable que ce montage était légal, ce qui rend aléatoire une action en justice. Mais alors, c'est que la loi est mal faite. C'est tout le problème.

Par un arrangement hors tribunal autorisé par la *common law* américaine, dont les avocats locaux maîtrisent toutes les ficelles, l'affaire se terminera en catimini le 15 juillet 2010 par une amende de 550 millions de dollars versés par GS à la Securities & Exchange Commission, le gendarme de Wall Street, pour solde de tout compte et de toute poursuite. C'est une seule semaine de volume des salles des marchés de Goldman Sachs !

On change d'échelle lors de la faillite du premier assureur mondial, American International Group, en septembre 2008. Le 17 septembre 2008, AIG est sauvé in extremis de la faillite par l'État fédéral américain. Le contribuable en est pour 85 milliards de dollars ce jour-là. Et puis c'est le tonneau des Danaïdes : au total, l'État mettra la main à la poche pour 182 milliards de dollars au cours des mois suivants. Mais les gens avisés s'étaient assurés contre des risques en fabriquant massivement des *credit default swaps.* Dès que la trésorerie d'AIG est abondée par l'État, elle honore rubis sur l'ongle les CDS à 100 % de leur valeur, pour pas moins de 67 milliards de dollars, à ceux qui les lui avaient achetés, tous de grands joueurs de l'industrie financière : Merrill Lynch, Bank of America, Barclays, Deutsche Bank, Calyon et… Goldman Sachs. Cette banque touche d'un coup 13 milliards de dollars. Merci le contribuable ! Encore merci le contribuable lorsque, quelques semaines plus tard, l'État renforce son bilan pour 13 autres milliards de dollars (ensuite remboursés).

On peut aussi appliquer ces techniques privées à un grand État souverain. C'est en fait assez simple, pour peu que l'on ait les bons relais. Au début des années 2000, la Grèce s'enfonce dans la dette de manière préoccupante. Il s'agit d'un membre de l'Union européenne et d'un pays de la zone euro. Le gouvernement grec, à bout de tours de passe-passe statistiques (maquillages tout à fait illégaux au regard de la Commission européenne), s'en ouvre à une compatriote, Antigone Loudiadis, basée à Londres chez Goldman Sachs.

La banque imagine alors un montage qui consiste à mettre la poussière sous le tapis, bien entendu sans formellement transgresser la loi. Elle construit, assez classiquement, un swap de devises permettant à l'État grec d'emprunter plusieurs dizaines de milliards d'euros sur les marchés sans que cela apparaisse dans les comptes publics du pays parce que, au passage, on a changé de monnaie. On peut même modifier en cours de route la parité du taux de change de la couverture sans en avertir personne. Plus fort encore : en échange de liquidités urgentes, le gouvernement grec accepte d'abandonner à Goldman Sachs ses revenus futurs sur des recettes d'État comme les taxes d'aéroport ou l'argent du loto. Une fois connu, le scandale sera tel que cette dernière disposition sera rapportée. Dans toute cette opération, GS encaissera 300 millions de dollars de commissions pour ses peines et soins.

Que les choses soient claires : c'est le gouvernement grec des années 2000, et lui seul, qui a mis son propre pays dans une situation impossible, tout en trafiquant sciemment ses comptes publics. La quasi-faillite de la Grèce n'est due qu'aux autorités grecques, où le gouvernement de Kostas Karamanlis, en fonctions jusqu'en 2009, porte une lourde responsabilité.

Accuser les fonds spéculatifs d'avoir fait couler la Grèce est un peu rapide. Vendre à découvert une monnaie est en effet un mécanisme de marché comme un autre. Les hedge funds qui parient à la baisse sur une monnaie parient leur propre argent et leur réputation contre le consensus de l'establishment monétaire qui attribue une valeur artificielle, pensent-ils, auxdites monnaies. C'est une forme de dissidence de la part de ces tenants du « marché » comme forme de régulation ultime. On les appelle les *contrarians*, ceux qui corrigent des situations artificiellement défendues par des autorités qu'ils estiment ringardes. Qu'ils vendent des subprimes à découvert, comme en 2007, et y gagnent des fortunes ne choque personne dans la philosophie de Wall Street, laquelle pense en toute bonne conscience agir en véritable régulateur du marché. Qu'ils anticipent une correction réelle de la valeur des monnaies et soulignent avant les autres une situation de déséquilibre correspond à la mentalité des marchés financiers américains, sans que l'on n'y voie d'atteinte à la morale publique. Aux États ensuite de s'en débrouiller. Ce qu'on pense aux États-Unis, c'est que la Grèce n'aurait jamais dû être admise dans l'euro. Le plus célèbre des parieurs sur les monnaies, George Soros – qui a mis à genoux la livre sterling en 1992 et a participé hardiment à la curée sur la Grèce en 2010 –, n'y est pas du tout considéré comme un vilain. C'est une tout autre mentalité que celle qui prévaut dans la vieille Europe.

Pour la Grèce, la mayonnaise monte gentiment dans l'indifférence générale. Coup de tonnerre en décembre 2009 : les agences de notation dégradent la signature de la dette grecque à la note BBB+, très défavorable. En une semaine, fin janvier 2010, les fonds et les banques d'investissement vendent massivement des euros contre des dollars, et liquident pour 5,5 milliards d'euros, plus rapidement encore qu'au plus fort de la crise de septembre 2008. Le problème ponctuel de la Grèce dégénère en crise majeure de l'euro, la deuxième monnaie du monde.

Le comportement de Goldman Sachs est une fois encore ambigu. En même temps que l'attaque des fonds sur la Grèce commence, la firme conseille à ses gros clients d'acheter des *credit default swaps* (encore !) sur la Grèce, ce qui signifie qu'elle anticipe une hausse du prix desdits CDS (opaques et non réglementés) et donc un risque croissant sur ce pays. En cheville avec qui ? Avec le fonds Paulson, qu'elle connaît décidément très bien. GS a joué sur trois tableaux : construire un savant camouflage de la dette, puis la refinancer au prix fort et en même temps spéculer sur le risque de défaut de la Grèce.

La Grèce descend aux enfers. Le 27 avril 2010, les agences de notation dégradent encore la note de sa dette, faisant plonger les Bourses mondiales. Le 2 mai, un plan de renflouement de 110 milliards de dollars est annoncé dans l'urgence. La crise de la finance de marché s'est transformée en crise de la dette souveraine. Et pendant ce temps-là, les réunions internationales se succèdent sans que l'on attaque aucun des problèmes à la racine. Qui seront les suivants ? L'Irlande est en première ligne. À l'automne, son système bancaire – qui avait pourtant passé avec succès les *stress-tests* européens avant l'été – implose.

L'Union européenne et le FMI doivent voler à son secours le 28 novembre en mobilisant 85 milliards d'euros. On craint pour les suivants, ceux que la City de Londres appelle de façon condescendante le « Club Med » : Portugal, Espagne, Italie. Et pourquoi pas un jour la France ?

L'arrogance de la célèbre banque est en complet décalage avec l'opinion publique. Main Street ressort le qualificatif de *bankster* inventé en 1929. Lloyd Blankfein plastronne : « Les banquiers accomplissent la tâche de Dieu ! » Les médias lui rappellent par retour de flamme qu'il a quelques compensations : une rémunération de 75 millions de dollars en 2007 et 63 millions de dollars en 2008, l'année de la grande crise ! Sans doute pour se dédouaner, Blankfein annonce qu'il va lancer un plan de prêts aux PME américaines affectées par la crise de 500 millions de dollars sur cinq ans. 100 millions par an : c'est un seul des innombrables jours où GS enregistre un volume quotidien de son trading… de plus de 100 millions de dollars ! Le seul geste qu'accepte finalement Blankfein, au printemps 2010, est de se contenter (pour 2009) d'un bonus de « seulement » 9 millions de dollars, en actions et non en cash comme précédemment.

Décidément, le gouffre entre Wall Street et Main Street est béant.

29

Obama contre Wall Street

Barack Obama a de la suite dans les idées. Dès juin 2009, il a fait mettre en chantier une vaste réforme de Wall Street pour corriger en profondeur les erreurs du passé. Il a un conseiller compétent et prestigieux : Paul Volcker.

Volcker, quatre-vingt-trois ans, n'a plus de carrière à faire nulle part. Il est de ce fait imperméable aux pressions ou sollicitations de tous ordres. Ancien président de la Fed, la banque centrale américaine, de 1979 à 1987, il y a laissé le souvenir de celui qui a vaincu la « stagflation » ravageuse de l'époque en augmentant résolument les taux d'intérêt pour assécher la masse monétaire, l'exact contraire de son successeur laxiste, Alan Greenspan. Volcker a été bombardé par Obama président d'un comité pour la reconstruction économique, qui ne réunit en gros que lui-même. Il est partisan d'une séparation stricte des activités de banque de dépôts et de banque d'affaires, qui avait procuré cinquante ans de stabilité au système financier américain. Obama va dès lors plaider pour une doctrine stricte nommée « Volcker rule ».

C'est compter sans la réaction furieuse de Wall

Street selon l'antienne bien connue de la « liberté d'entreprendre ». Mais Obama ne lâche pas prise, bien que sa marge soit étroite au Congrès. À la manœuvre, le respecté sénateur catholique du Connecticut, poids lourd du parti démocrate, président du comité sénatorial des banques, Chris Dodd, va passer un an à tricoter la grande réforme et à se dépêtrer des puissants lobbies de la finance, qui sont eux aussi à la manœuvre dans un combat furieux à Washington, avec des centaines de millions de dollars de force de frappe.

En décembre 2009, un premier texte de 1 279 pages passe l'examen de la Chambre des représentants. Mais Wall Street ne capitule pas, loin s'en faut, et entame ce que la presse appelle un « rodéo » où tous les coups sont permis, pendant le premier semestre de 2010. Soutenu par son collègue de la Chambre des représentants Barney Frank, Chris Dodd négocie mais ne rompt pas. Après un premier refus en avril 2010, le Sénat revient à de meilleures dispositions, sensible, en cette année électorale, à la bronca des électeurs de base contre les *banksters.* Il adopte en juillet, à une voix près, une nouvelle version de la réforme, dans un texte qui ne fait pas moins de… 2 300 pages. Barack Obama se réjouit aussitôt publiquement de « la défaite des hordes de lobbyistes du secteur financier ».

Le texte modifie radicalement le paysage sur plusieurs points majeurs. D'abord, il tente de prévenir le « risque systémique » en identifiant les établissements financiers trop importants pour faire faillite, pour écarter le spectre d'un autre Lehman Brothers, le fameux *too big to fail.* Mais on ne touche pas à la taille même des banques, et certaines deviendront des géants plus gros encore qu'avant la crise. Le texte indique aussi qu'on ne pourra plus utiliser d'argent fédéral pour sauver les banques. Mais comment faire ? Lever une taxe spéciale sur les banques pour alimenter un fonds de réserve ? L'idée ne passe pas la barrière du Sénat, sensible aux sirènes libérales.

Ensuite, la réforme s'efforce de limiter les activités spéculatives des banques. Sur ce point crucial, il est une réelle avancée : les banques de dépôts *(commercial banks)* ne pourront plus exercer d'activités de trading « pour compte propre », autrement dit spéculer pour leur compte avec l'argent des clients. Cela oblige les banques de Wall Street à une réorganisation déchirante. De même ne sont-elles plus autorisées à contrôler directement des fonds spéculatifs, ces fameux hedge funds, comme elles l'avaient beaucoup fait. Mais ces derniers, au périmètre légal mal défini, passent encore à travers les mailles du filet de la supervision, au moins de ce côté de l'Atlantique.

Le texte tente également de rendre plus transparent le vaste marché opaque des produits dérivés et de résorber quelque peu le trou noir des transactions de gré à gré, ces échanges massifs de produits financiers abscons sur un simple coup de téléphone. Désormais, les échanges transiteront par une chambre de compensation. Même si cela va très vite, on en aura une trace écrite quelque part.

Après la déréglementation à outrance des années 2000, cette re-réglementation corrige les dérives perverses de la finance moderne et prend en compte les évolutions des techniques sophistiquées. Certes, il faudra des années pour que les multiples décrets d'application de la loi soient mis en œuvre, d'autant que les républicains, vainqueurs des élections de *midterm* d'octobre 2010, n'ont pas dit leur dernier mot. Mais au moins les problèmes sont-ils posés clairement.

C'est incontestablement une grande victoire politique pour Obama. Le 21 juillet 2010, il appose en grande pompe sa signature sur cette « loi Dodd-Franck ». Le gratin de la politique et de la finance y assiste. Il y a deux absents : Jamie Dimon (président de Morgan) et Lloyd Blankfein (président de Goldman Sachs), qui ont été rayés par Barack Obama lui-même de la liste des invités !

Cette loi âprement négociée est imparfaite, mais l'opacité générale régresse. C'est son grand mérite. Il ne reste plus à l'Europe qu'à faire son propre ménage pour adopter des mesures allant dans le même sens. Mais ces nouveaux aménagements réglementaires ne donnent pas de solutions à la question de fond : le poids de la sphère financière face à l'économie réelle et la mondialisation instantanée des marchés. Et si cette loi clôt provisoirement le chapitre des dérives de Wall Street, elle est impuissante – ce n'est d'ailleurs pas son objet – à adoucir les conséquences de la crise financière en termes de récession économique, pas plus que sa dérivée la plus dangereuse : l'endettement abyssal des États. C'est la métastase diabolique de la crise à partir de 2010, dont nous mettrons des années à nous remettre.

Suprême habileté : afin d'arrondir les angles avec Wall Street, Obama nomme en janvier 2011 Secrétaire général de la Maison blanche William Daley… dirigeant de Morgan !

30

Un dîner à Washington

Le 22 avril 2010, le ministre des Finances canadien Jim Flaherty convie à un dîner discret, à l'ambassade du Canada à Washington, un petit groupe de décideurs financiers internationaux. Il y a là essentiellement deux Français, Jean-Claude Trichet (président de la Banque centrale européenne) et Dominique Strauss-Kahn (directeur général du Fonds monétaire international), deux Américains, Ben Bernanke (président de la Fed) et Robert Zoellick (directeur général de la Banque mondiale), et le ministre des Finances britannique Alistair Darling.

Le sujet est le même que celui du dîner de 1790 à New York. Mais, cette fois, il ne s'agit pas du dollar et de l'unité des États-Unis, mais de l'euro et de la possible implosion de l'Union européenne.

La situation est sérieuse. Début avril, en effet, les finances de la Grèce ont dévissé. On est habitué aux mauvaises nouvelles venant de ce pays. Mais en l'occurrence, c'est la monnaie européenne tout entière – la Grèce a été admise dans l'euro en 2001 – qui est entraînée vers des zones dangereuses. Les leaders européens et le FMI ont colmaté la brèche au début du mois en promettant à la Grèce 45 milliards d'euros (62 milliards de dollars) pour rassurer les marchés, mais on ne tarde pas à s'apercevoir que le pansement est dramatiquement insuffisant. Le dîner de Washington a donc un seul ordre du jour : comment sauver l'euro ? Les solutions préconisées par les protagonistes sont distillées aux ministres des Finances européens qui, deux semaines plus tard, passent la nuit à décider du plus grand plan de renflouement jamais annoncé de ce côté de l'Atlantique : 750 milliards d'euros, soit 1 000 milliards de dollars !

Le montant fait rêver, mais c'est un chiffre psychologique, en aucun cas une sortie d'argent frais. On ne dispose pas encore, à l'époque, du bilan exact du plan de sauvetage financier que Barack Obama avait fait passer dès sa prise de fonctions, début 2008, en annonçant 787 milliards de dollars. Mais on sait aujourd'hui que le coût réel de ce plan n'a été finalement que de 50 milliards de dollars. C'est donc un risque calculé, parfaitement assumé.

En même temps, autorisation est donnée à la Banque centrale européenne de racheter des masses considérables de dettes émises par les États européens, au grand dam des Anglais – qui refusent de s'associer à ce plan – et des Allemands, qui ne voient pas pourquoi il faudrait sauver le mauvais élève grec de la classe européenne. On est dans la même problématique qu'en 1790, mais sans aller au bout du raisonnement. On a en effet créé une monnaie européenne commune en 1999, mais sans que le privilège d'émission et de gestion de la dette souveraine soit centralisé au niveau européen, c'est-à-dire que l'on a créé un attelage improbable où l'euro n'est garanti par aucun fondement économique contraignant. Pour ne pas toucher à la sacro-sainte souveraineté des États, on a inventé un « pacte de stabilité »... qui a volé en éclats dès 2003.

À cause de la crise, la question de la dette est devenue une énorme épine dans le pied de tous les gouvernements occidentaux. La dette publique passe de 2007 (année d'avant-crise) à 2011 de 62 % à 100 % du PIB aux États-Unis, de 42 % à 71 % au Royaume-Uni, de 63 % à 89 % en France. Elle a plus que doublé en Espagne. Comment la financer ? Problème insoluble si l'on se contente de plans de rigueur, même drastiques comme celui annoncé par le Premier ministre David Cameron en Angleterre en octobre 2010 ou par l'Irlande en novembre.

Les États-Unis entreprennent donc d'aller plus loin, en autorisant la Fed à racheter de la dette en forme de bons du Trésor pour des centaines de milliards de dollars et à réactiver, pour ce faire, la planche à billets, pudiquement appelée *quantitative easing*. Sous une autre forme, c'est ce qu'avait fait Franklin Roosevelt en 1933 en décidant d'une dévaluation compétitive du dollar. On espère ainsi sortir à court terme du risque de déflation – cela reste à prouver –, mais on crée pour l'avenir un danger autrement plus grave : le retour de l'inflation. L'équation du risque s'en trouve soudain inversée : ce ne sont plus les banques qui plombent les États, comme en 2008, mais la dette des États qui fait désormais peser des risques sur le système financier tout entier.

Cet endettement massif, d'ailleurs, a-t-il permis à l'économie de redémarrer après la récession générale de 2009 ? Les plans de sauvetage successifs un peu partout (y compris une relance massive en Chine) ont certes permis de limiter la casse. On n'a pas sombré dans la dépression noire des années trente. Mais la reprise tant attendue reste atone. Aux États-Unis, on a perdu près de neuf millions de jobs depuis 2007. Après une timide remontée des embauches au printemps 2010, la machine se remet, à l'été, à détruire plus d'emplois qu'elle n'en crée.

En fait, la crise des subprimes n'est pas terminée pour les ménages américains : en 2010, cent vingt mille familles par mois continuent d'être expulsées de leurs logements pour cause d'insolvabilité ; 5 000 milliards de dollars d'économies placées dans les fonds de retraite se sont évaporés ; quarante-deux millions d'Américains, un sur sept, survivent avec des bons alimentaires. C'est la vraie face de la crise sociale, bien au-delà des chiffres officiels un peu artificiels du chômage. Personne ne se risque à faire la moindre prévision optimiste pour le début des années 2010, ni en Europe ni aux États-Unis.

Pendant ce temps, la sphère financière se porte bien. Elle a renoué avec les profits, même s'ils ne sont plus aussi stratosphériques qu'auparavant. Les grandes places ont certes dégraissé : quarante-cinq mille emplois ont été supprimés dans la finance newyorkaise, quarante-neuf mille à la City de Londres. L'industrie bancaire est plus puissante que jamais : entre 2000 et 2010, la taille des bilans des banques européennes, par exemple, a augmenté de 500 % !

Les hedge funds sont heureux. Avec 1 770 milliards de dollars d'actifs, leur activité a rebondi, pour dépasser largement les niveaux records de 2007. Leur rendement reste mirobolant pour certains d'entre eux. Le 5 octobre 2010, le symbole est encore plus fort : la Bourse de New York annonce qu'elle a retrouvé ses niveaux d'avant la crise.

Les pratiques opaques n'ont pas disparu pour autant. En décembre 2010, le FBI boucle une enquête sur un gigantesque délit d'initiés. De grands fonds d'investissement et un bon paquet de consultants financiers ayant des informations privilégiées sont convaincus de collusion et de profits indus dans des opérations de restructuration du secteur pharmaceutique et de celui des hautes technologies. C'est sans doute le délit d'initiés impliquant le plus grand nombre de protagonistes dans l'histoire de Wall Street. De nouveau, on cite le nom de Goldman Sachs pour avoir fait preuve de porosité dans les données confidentielles que la firme détenait.

Deux ans après la faillite de Lehman Brothers, presque jour pour jour, les sages de la Banque des règlements internationaux, dont le siège est à Bâle, édictent une règle censée s'appliquer aux banques tout autour de la planète. Il s'agit de renforcer considérablement les réserves des banques de tous types, pour que leurs prêts soient adossés à des véritables capitaux propres et non plus à des fonds virtuels, et ainsi réduire la prise de risques.

L'intention est excellente. Mais pour ne pas brusquer les banques, on leur donne jusqu'à 2019 pour s'aligner sur cette règle, dite Bâle III. D'autres crises peuvent survenir d'ici à cette date lointaine. C'est là son point faible : nulle réforme ne peut désormais être décisive ni rapide. Une fois encore, la négociation a été âpre, car les lobbies se sont déchaînés dans la coulisse. Le cher Lloyd Blankfein – Goldman Sachs a maintenant plus de la moitié de son business en dehors des États-Unis – est monté au créneau en qualifiant cette régulation d'intrusive et d'inadaptée aux situations locales disparates. Mais elle est adoptée le 12 septembre 2010.

En Europe, on s'emploie enfin à mettre de l'ordre dans le système financier. Mais le processus est compliqué. La Commission européenne doit négocier avec chacun des États membres pour forger un consensus, et l'on se doute que les intérêts de la City de Londres ne sont pas les mêmes que ceux des places (beaucoup plus petites) de Paris ou de Francfort. Pour la première fois, on convient de créer trois autorités européennes supranationales pour superviser respectivement les banques, les assurances et les fonds spéculatifs.

Là encore, le lobbying est forcené, mais le Parlement européen – infatigablement travaillé par un député français – établit une *European Securities and Markets Authority* (ESMA) soumettant les hedge funds et les fonds de *private equity* à des obligations contraignantes en termes de capitalisation, de gestion du risque et de transparence. L'innovation majeure est la création d'un « passeport » européen avant toute commercialisation d'un fonds, non seulement pour le fonds lui-même, mais aussi pour ses gestionnaires, à commencer par ceux qui ne sont pas ressortissants de l'Union européenne. Cela ne résout pas tout, notamment la question des paradis fiscaux, et les fonds disposent de cinq ans pour s'aligner, mais c'est une avancée notable sur le problème de la transparence des acteurs non bancaires de la sphère financière. L'ESMA voit officiellement le jour le 11 novembre 2010.

Mais à peine terminée (très provisoirement) la bataille de la réglementation pour contenir les crises futures, la crise des institutions se déplace sur un terrain autrement dangereux : la guerre monétaire. Entre la Chine qui persiste à maintenir son yuan à des niveaux très bas et les États-Unis qui laissent filer le dollar, l'euro se trouve pris en sandwich sans moyens de pression. Qui plus est, la zizanie à l'intérieur de l'Europe continue à miner toute possibilité de réaction commune.

Une proposition américaine de fixer un seuil quantitatif contraignant aux déséquilibres des balances des paiements – positifs ou négatifs – des grands pays est sur le point d'être avalisée par l'Amérique et la Chine, soutenues par la France, mais cette fois, c'est l'Allemagne qui ne veut pas en entendre parler. On explore d'autres idées pour stabiliser les monnaies, et un grand oublié fait sa réapparition surprise : l'or ! Ce sera la tâche du supposé gouvernement économique du monde, le G20, de rechercher les voies d'un compromis collectif. Mais c'est un gouvernement mou, à tout le moins.

Nous allons continuer à vivre dans un monde dangereux.

Conclusion

Quand, où et comment éclatera la prochaine crise ? La dernière, celle de 2008, est assez similaire à celles du passé : celle des tulipes en 1637, des chemins de fer en 1873, ou bien du cuivre ou du sucre, jusqu'aux promesses du commerce par Internet en 2001. Pourtant, la crise actuelle n'est plus tout à fait de même nature. Autrefois, les spéculateurs spéculaient et les banques suivaient, en prêtant aux divers joueurs pour ne pas être en reste. Cette fois, ce sont les banques elles-mêmes qui ont attisé le brasier, du moins les investisseurs anglo-saxons, suivis par quelques autres. Dans le même temps, l'expansion fabuleuse des produits financiers de toute nature a réduit l'économie réelle à la portion congrue. C'est la victoire définitive du virtuel sur l'économie industrieuse qui nous était familière dans un passé très proche.

Les déséquilibres structurels demeurent, sans que les plans de sauvetage et les réformes entreprises péniblement depuis 2008 apportent de solutions pérennes. Ils se sont même aggravés, car la politique de création de liquidités à tout prix pour stimuler l'économie crée des bulles potentielles qui peuvent exploser n'importe où. Les grands États occidentaux vivent au-dessus de leurs moyens, sans espoir d'alléger de sitôt leur fardeau de dettes. Ils ont déjà atteint les limites extrêmes de leur capacité d'intervention.

Le sauvetage éventuel des banques dans une crise future deviendra de plus en plus problématique, si tant est que les opinions publiques le tolèrent. De surcroît, la coordination des politiques économiques, financières, fiscales et monétaires laisse gravement à désirer. C'est une foire aux égoïsmes entre les États-Unis, l'Europe, le Japon et les pays émergents, et entre les pays du vieux continent de la supposée Union européenne. La crise de l'euro n'en est que l'un des symptômes.

En 2010, la Chine a surgi au deuxième rang des économies de la planète juste derrière les États-Unis, en dépassant définitivement le Japon. Le grand basculement structurel vient de se produire sous nos yeux. Aujourd'hui, ce n'est plus l'Occident qui arbitre les destinées économiques du monde, mais les pays dits émergents. Mille milliards de dollars de déficits annuels d'un côté, aux États-Unis et en Europe. Mille milliards d'excédents de l'autre, dans les pays pétroliers et en Asie. Les réserves de change chinoises, égales au PIB de la France, dominent toutes les autres. L'Occident, qui avait patiemment bâti sa prééminence sur le monde depuis la Renaissance, vient de la perdre.

Mais pour gérer leur richesse, il manque encore à ces pays émergents l'agilité et la puissance du *softpower* américain. Les revenus du pétrole sont au chaud en Amérique. L'épargne chinoise finance la dette des consommateurs et du gouvernement américains. Le dollar demeure la monnaie superlative, qui reste le pôle de référence même s'il fluctue au gré de la conjoncture. Ni le yen, ni le yuan, ni même l'euro ne vont le remplacer de sitôt. L'argent mondial converge toujours vers la grande lessiveuse américaine.

On nous dit que le centre de gravité bascule vers la Chine et que Shanghai va devenir l'arbitre des élégances au XXIe siècle. Mais Shanghai ne sera pas de sitôt le formidable foyer d'innovations financières que reste Wall Street par-delà ses soubresauts. Ni pour le meilleur – le financement des grandes avancées économiques mondiales, encore inventées le plus souvent dans les laboratoires américains –, ni pour le pire, avec sa folle énergie à transformer l'argent en produits inventifs et en spéculations hasardeuses.

Rien ne permet d'augurer que le centre de gravité du monde financier va sérieusement s'écarter de Wall Street. C'est pour cela qu'il faut scruter avec vigilance les prémices de la prochaine crise, dont Wall Street sera l'épicentre ou la caisse de résonance.

Bibliographie

Ahamed, Liaquat, *Lords of Finance : the bankers who broke the world,* The Penguin Press, 2009.

Auletta, Ken, *Greed and Glory on Wall Street : the fall of the house of Lehman,* Warner Books, 1986.

Authers, John, *The Fearful Rise of Markets,* Prentice Hall, 2010.

Bagehot, Walter, *The Collected Works of Walter Bagehot,* The Economist, 1978.

Barbero, Alessandro, *Le Jour des Barbares : Andrinople 9 août 378,* Flammarion, 2006.

Birmingham, Stephen, *Our Crowd : the great Jewish families of New York,* Syracuse U. Press, 1996.

Bonner, William et Wiggin, Addison, *L'Empire des dettes,* Les Belles Lettres, 2006.

Bookstaber, Richard, *A Demon of Our Own Design : markets, hedge funds and the perils of financial innovation,* Wiley, 2007.

Bourguinat, Henri et Briys, Éric, *L'Arrogance de la finance,* La Découverte, 2009.

Braudel, Fernand, *La Dynamique du capitalisme,* Flammarion, 1985.

Brender, Anton et Pisani, Florence, *La Crise de la finance globalisée,* La Découverte, 2009.

Brooks, John, *The Go-go Years*, Weybright and Talley, 1973.
Bruck, Connie, *The Predator's Ball : the inside story of Drexel Burnham and the rise of the junk bond raiders*, Harper Collins, 1989.
Bruner, Robert F. et Carr, Sean D., *The Panic of 1907*, Wiley, 2007.
Burrough, Bryan et Helyar, John, *Barbarians at the Gate : the fall of Nabisco*, Harper & Co, 1990.
Carswell, John, *The South-sea Bubble*, Stanford University Press, 1960.
Chalmet, Véronique, *Peggy Guggenheim, un fantasme d'éternité*, Payot, 2009.
Chernow, Ron, *The House of Morgan : an American banking dynasty and the rise of modern finance*, Grove Press, 1990.
Clews, Henry, *Fifty Years in Wall Street*, Wiley Investment Classics, 1908/2006.
Cohan, William, *The Last Tycoons : the secret history of Lazard*, Doubleday, 2007.
– *House of Cards : a tale of hubris and wretched excess on Wall Street*, Doubleday, 2009.
Cohen, Daniel, *La Prospérité du vice*, Albin Michel, 2009.
Dash, Mike, *Tulipomania*, Weidenfeld & Nicholson, 1999.
Deloume, Antonin et Thorin, Ernest, *Les Manieurs d'argent à Rome*, Libraire-éditeur, 1890.
Duménil, Gérard, *De Marx et Keynes à la crise*, Economica, 1981.
Elliott, Larry et Atkinson, Dan, *The Gods that Failed : how blind faith in markets has cost us our future*, The Bodley Head, 2008.
Ellis, Charles D., *The Partnership : the making of Goldman Sachs*, Penguin Books, 2008.
Ellis, Joseph J., *Founding Brothers : the revolutionary generation*, Random House, 2000.
Endlich, Lisa, *Goldman Sachs : the culture of success*, Touchstone, 2000.

Erdeman, Paul, *La Panique de 89*, Le Livre de poche, 1996.

Eudes, Yves, « Les geeks à la conquête de Wall Street », *Le Monde*, 3 septembre 2009.

Evans, David Morier, *The History of the Commercial Crises 1857-58 and the Stock Exchange Panic of 1859*, Groombridge & Sons, 1859.

Faure, Edgar, *La Banqueroute de Law, 17 juillet 1720*, Gallimard, 1978.

Ferguson, Niall, *The Ascent of Money : a financial history of the world*, Allen Lane, 2008.

Ferris, Paul, *Gentlemen of Fortune : the world's merchant and investment bankers*, Weidenfeld & Nicholson, 1984.

Fisher, Irving, *The Debt-deflation Theory of Great Depressions*, Econometrica, 1933.

Fraser, Steve, *Wall Street : America's Dream Palace*, Yale University Press, 2008.

– *Every Man a Speculator : a history of Wall Street in American life*, HarperCollins, 2006.

Gabler, Neal, *Le Royaume de leurs rêves : la saga des juifs qui ont fondé Hollywood*, Calmann-Lévy, 2005.

Galbraith, John Kenneth, *A Short History of Financial Euphoria*, Penguin Business, 1994.

– *The Great Crash, 1929*, Houghton & Mifflin, 1955.

Gibbon, Edward, *Histoire de la décadence et de la chute de l'Empire romain*, Londres, 1787.

Godechot, Olivier, *Working rich, salaires, bonus et appropriation du profit dans l'industrie financière*, La Découverte, 2007.

Gordon, John Steele, *The Great Game : the emergence of Wall Street as a world power 1653-2000*, Simon & Schuster, 2000.

Gravereau, Jacques, « La genèse d'une mécanique infernale », *La Tribune*, 26-27 juin 2009.

Gravereau, Jacques et Trauman, Jacques, *Crises financières*, Economica, 2001.

Greenspan, Alan, *The Age of Turbulence : adventures in a new world*, Kindle, 2008.

Henry, Gérard Marie, *Les Hedge Funds*, Eyrolles, 2008.
Jacque, Laurent L., *Global Derivative Debacles, from theory to malpractice*, World Scientific, 2010.
Jorion, Paul, *La Crise, des subprimes au séisme financier planétaire*, Fayard, 2008.
Keynes, John Maynard, *The General Theory of Employment, Interest and Money*, Cambridge University Press, 1936.
Kindelberger, Charles P., *Manias, Panics, and Crashes : a history of financial crises*, Wiley Investment, 1978.
Klein, Maury, *Rainbow's End. Le krach de 1929*, Les Belles Lettres, 2009.
Laurent, Éric, *La Face cachée des banques*, Plon, 2009.
Laval, Christian, *Jeremy Bentham et les artifices du capitalisme*, PUF, 2003.
Leeson, Nick, *Rogue trader*, Little, Brown, 1996.
Lewis, Michael, *Liar's Poker*, Hodder & Stoughton, 1989.
– *The Big Short, inside the doomsday machine*, Norton, 2010.
Lowenstein, Roger, *When Genius Failed : the rise and fall of Long-Term Capital Management*, Random House, 2000.
– *The End of Wall Street*, Penguin Press, 2010.
Luttwak, Edward, *La Grande Stratégie de l'Empire romain*, Economica, 1987.
MacDonald, Scott et Hughes, Jane E., *Separating Fools from Their Money : a history of American financial scandals*, Transaction Publishers, 2009.
Mackay, Charles, *Extraordinary Popular Delusions and the Madness of Crowds*, 1841.
Mandelbrot, Benoît, *Une approche fractale des marchés*, Odile Jacob, 2005.
Mandeville, Bernard de, *La Fable des abeilles*, 1714/1729.
Mason, David L., *From Buildings and Loans to Bail-outs : a history of the American savings and loan industry 1831-1995*, Cambridge University Press, 2004.

Mayer, Martin, *Nightmare on Wall Street : Salomon Brothers and the corruption of the market place,* Simon and Schuster, 1993.

McClain, David, *Apocalypse on Wall Street,* Dow Jones Irving, 1988.

McDonald, Lawrence G., *A Colossal Failure of Common Sense, the Inside Story of the Collapse of Lehman Brothers,* Crown Business, 2009.

Quatrepoint, Jean-Michel, *La Dernière Bulle,* Mille et une nuits, 2009.

Paulson, Henry, *On the Brink,* Headline Business Plus, 2010.

Rapp, Donald, *Bubbles, Booms and Bust : the rise and fall of financial assets,* Springer, 2009.

Rawnsley, Judith, *Going for Broke : Nick Leeson and the collapse of Barings Bank,* HarperCollins, 1995.

Reinhart, Carmen M. et Rogoff, Kenneth S., *This Time is Different : eight centuries of financial lobby,* Princeton University Press, 2009.

Roche, Marc, *La Banque, comment Goldman Sachs dirige le monde,* Albin Michel, 2010.

Salmon, Felix, « Recipe for disaster : the formula that killed Wall Street », *Wired Magazine,* 23 février 2009.

Schwed, Fred, Jr., *Where are the Customer's Yachts ? Or a good hard look at Wall Street,* Simon and Schuster, 1940.

Sinclair, Timothy J., *The New Masters of Capital,* Cornell University Press, 2005.

Sloan, Robert, *Don't Blame the Shorts,* McGraw Hill, 2010.

Smith, Adam, *Recherche sur la nature et les causes de la richesse des nations,* 1776.

Sobel, Robert, *Dangerous Dreamers : the financial innovations from Charles Merrill to Michael Milken,* Beard Books US, 2001.

Sorkin, Andrew Ross, *Too Big to Fail,* Viking, 2009.

Sparling, Earl, *Mystery Men of Wall Street,* Greenberg Publishers, 1930.

Stewart, James B., *Den of Thieves*, Simon & Schuster, 1992.
Stiglitz, Joseph, *Le Triomphe de la cupidité*, Les Liens qui libèrent, 2010.
Stiles, Paul, *Riding the Bull : my year in the madness at Merrill Lynch*, Times Business, 1998.
Taleb, Nassim Nicholas, *Le Cygne noir : la puissance de l'imprévisibilité*, Les Belles Lettres, 2008.
Tett, Gillian, *Fool's Gold : how unrestrained greed corrupted a dream...*, Little, Brown, 2009.
Thomas, Gordon et Morgan-Witts, Max, *Wall Street : dans les coulisses du krach de 1929*, Nouveau Monde, 2008.
Waechter, Philippe et You, Martial, *Subprimes, la faillite mondiale*, Alphée, 2008.
Washburn, Watson et de Long, Edmund, *High and Low Financiers*, The Bobbs-Merrill Co., 1932.
Wharton, Edith, *The Age of Innocence*, Pictorial Review, 1920.
Wilmsen, Steven K., *Silverado : the savings & loan scandal*, National Press Books, 1991.
Ziegler, Philip, *The Sixth Great Power : barings 1762-1929*, Collins, 1988.

Remerciements

Merci pour leurs assistance, relecture et judicieux conseils à : Daniel Gerschel, Blandine et Gaspard Graveau, Bernard Marois, Éric Marteau d'Autry, Mai Cuc Moine, Marc Moingeon, Béatrice de Montmarin, Marc Roche, Catherine d'Yvoire, et à notre exigeant éditeur, Alexandre Wickham.

Table

III. Septembre noir

IV. Le général et le Barbare

V. À la prochaine !

DES MÊMES AUTEURS

Jacques Gravereau

Hong Kong, analyse d'un boom, Cujas en France et Boréal au Canada, 1974.
La Chine après l'utopie, Berger-Levrault, prix de l'Académie des sciences d'outre-mer, 1983.
Japon, l'ère de Hiro-Hito, Imprimerie nationale, prix Shibusawa-Claudel, prix du Syndicat des journalistes, 1988.
Le Japon au XXe siècle, Le Seuil, 1989.
La Crise asiatique, une bénédiction cachée, Presses HEC, 1998.
L'Asie majeure, Grasset, 2001.
Crises financières, Economica, avec Jacques Trauman, prix de l'Académie des sciences morales et politiques, 2001.

Jacques Trauman

Mécanismes de changes et marché des euro-dollars, Economica, prix du Commerce international, 1999.
L'Empire khazar, Autrement, sous le pseudonyme de Jacques Piatigorsky, 2005.
Le Grand Jeu, Autrement, même pseudonyme, 2009.
Crises financières, Economica, avec Jacques Gravereau, prix de l'Académie des sciences morales et politiques, 2001.

Composition Nord Compo
Impression CPI Bussière en février 2011
à Saint-Amand-Montrond (Cher)
Éditions Albin Michel
22, rue Huyghens, 75014 Paris
www.albin-michel.fr
ISBN 978-2-226-22079-0
N° d'édition : 19248/01. – N° d'impression : 110213/4.
Dépôt légal : mars 2011.
Imprimé en France.